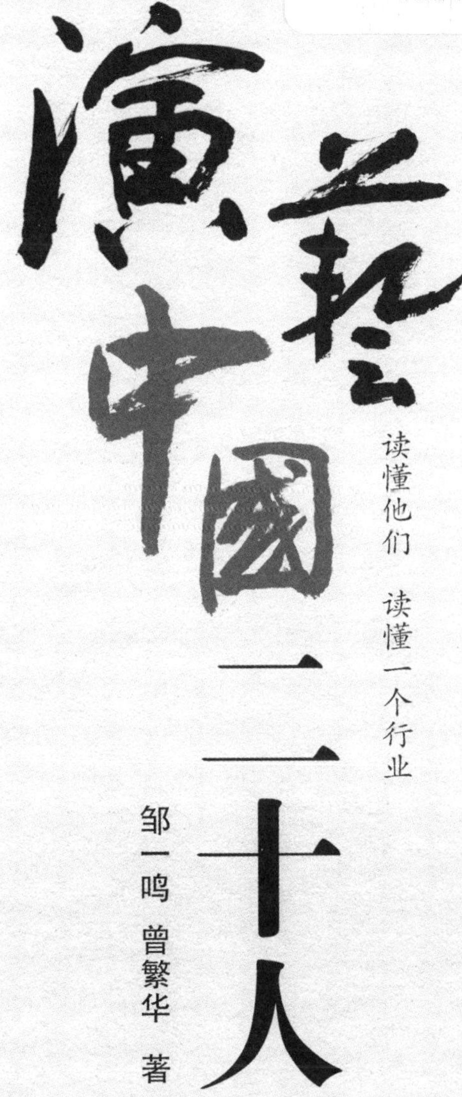

演艺中国二十人

读懂他们 读懂一个行业

邹一鸣 曾繁华 著

SPM 南方出版传媒
SOUTHERN PUBLISHING AND MEDIA
新世纪出版社
New Century Publishing House
·广州·

图书在版编目（CIP）数据

演艺中国二十人 / 邹一鸣，曾繁华著 .—广州：新世纪出版社，2019.12

ISBN 978-7-5405-9979-9

Ⅰ . ①演… Ⅱ . ①邹… ②曾… Ⅲ . ①报告文学－中国－当代 Ⅳ . ① I25

中国版本图书馆 CIP 数据核字（2019）第 276569 号

出 版 人：姚丹林　　策　　划：邹一鸣　郄春来　崔云争

责任编辑：佘　尧　　　　　　　　　王　超　朱　锋　李江南

演艺中国二十人 YANYI ZHONGGUO ERSHI REN

邹一鸣　曾繁华　著

出版发行：新世纪出版社

（广州市大沙头四马路10号）

经　　销：全国新华书店

印　　刷：北京华联印刷有限公司

规　　格：787mm × 1092mm　1/16

印　　张：13.75

版　　次：2019年12月第1版

印　　刷：2019年12月第1次印刷

书　　号：ISBN 978-7-5405-9979-9

定　　价：68.00元

如发现印装质量问题，影响阅读，请联系调换：

北京广版新世纪文化传媒有限公司

服务热线：010-65542969

演藝中國廿人

郁鈞劍

题　记

人，是时代的缩影。二十世纪五六十年代出生的他们，沿着改革开放的进程，用人生记录着时代的舞台表演艺术。他们讲好舞台上的故事，我讲好他们舞台下的故事。

邹一鸣

2019年11月19日

（农历二〇一九年十月二十三日）

序一 Preface

原文化部党组书记、部长　蔡武

舞台表演艺术是一门古老的艺术。不论社会如何发展，科技如何进步，媒体形式如何变化，舞台表演艺术始终为人类所需要。因为，这是一门关于人的艺术。

无论是戏曲、话剧、歌剧、舞剧、音乐剧、儿童剧、皮影戏、曲艺，还是音乐会、舞蹈、木偶、皮影、杂技、魔术，都是围绕人展开的，或讲人的故事，或展示人的技艺。

《演艺中国二十人》也是围绕人展开的。对于舞台表演艺术而言，舞台上的核心人物是艺术家，舞台下的核心人物是经营管理者。《演艺中国二十人》从演艺经营管理者中选择对演艺行业有独特贡献的领军人物，以生动的语言风格讲述他们的精彩人生，让更多人了解他们，了解演艺行业。

他们让艺术家讲好舞台上的故事，却鲜有人讲好他们舞台下的故事。作者找到了一个很好的切入点。这个切入点把台上台下有机连接了起来，把艺术家和经营管理者连接了起来，更重要的是，把行业内和行业外也连接了起来。

演艺行业领军人物是为时代“鼓与呼”的佼佼者，《演艺中国二十人》是为演艺行业领军人物“鼓与呼”的著作。我相信，《演艺中国二十人》将成为业内人士激活自身发展的催化剂，成为业外人士了解演艺行业的一扇大门。

序二 Preface

中国文化管理协会专家顾问委员会副主任委员　路建平[①]

改革开放40多年间，演艺行业发生了翻天覆地的变化。

国有文艺院团作为演艺行业的中坚力量，经历40多年的改革演变，由计划主导逐渐走向市场导向，由单一业务走向多元发展，生命力越来越旺盛。

民营演艺机构在市场化大潮中生根发芽，找到自己的市场定位、发展目标和立足之本，从舞台到电影，到旅游，到全产业链，生机勃勃。

《演艺中国二十人》中既有国有文艺院团负责人，也有民营演艺机构负责人。他们的业务以舞台为核心，电影、旅游、艺术教育、全产业链开花。他们有的从小学习艺术专业，一步步走上管理岗位，并干出一番天地；有的从其他行业转到演艺行业，越干越出成绩。

《演艺中国二十人》不同于通常的行业案例，而是从人看机构，从机构看行业，更多地让读者自己对行业进行思考。更难能可贵的是，作者没有以新闻采访的方式简单地做问答，而是把演艺行业领军人物的人生历程写成故事，内容更丰满，可读性更强。

中国文化管理协会演艺工作委员会隶属于中国文化管理协会，是中国演艺行业的专业组织，一直致力于培养演艺领域管理人才，推动行业发展。《演艺中国二十人》的出版，弥补了一项行业空白，是中国文化管理协会演艺工作委员会开展人才培养工作的重要推荐书目。

① 第十二届全国人大外事委员会委员，新华社原副社长，湖南省委原常委、宣传部长。

序三

中央戏剧学院党委书记　徐翔

中国艺术领域的人才培养工作，在相当长的一段时间内只注重艺术本体相关专业，而不重视艺术管理专业。

可以说，艺术管理是一项交叉性、实践性极强的工作。艺术学涉及文学、绘画、音乐、舞蹈、雕塑、戏剧、建筑、电影等多个门类，管理学涉及经济学、社会学、心理学、政治学、法学等学科。因此，艺术管理工作的难度可想而知。

中央戏剧学院是国内最早一批设立艺术管理专业（后改名戏剧管理专业）的艺术高校之一。中央戏剧学院自2001年设立该专业以来，学科建设取得了长足的发展，向全国的艺术管理岗位输送了大量人才。但就这个专业而言，全国的人才缺口依然很大。

培养优秀的艺术管理人才，不仅需要学院拥有优秀的教师队伍，还需要有丰富实践经验的从业者。2015年，中央戏剧学院举办首届演艺家论坛；2016年，成立演艺家研究中心；2017年，将《演艺中国二十人》撰写工作纳入演艺家研究中心工作。4年来，中央戏剧学院团结了大批舞台表演艺术领域的高级管理人才，为他们搭建了具有独特价值的行业平台，他们也为中央戏剧学院的人才培养贡献了独特力量。

《演艺中国二十人》选择有独特行业贡献的舞台表演艺术管理者，以讲故事的方式剖析他们的成功经验和失败教训，对全行业有非常重要的借鉴意义，将对行业发展起到非常积极的推动作用。

序四 Preface

邹一鸣

无论如何，这都是一件我未曾想过要做的事。当然，这也是我一度后悔开始做的事。

很多年后，如果有人愿意写我的故事，这应该是浓墨重彩的一笔。可以想象，我在接受采访的时候，我应该会意味深长地告诉对方，虽然今天聊得还不错，但我估计你有可能写不出来，不过那也没关系，因为当年我就是这样。

所以，这真的是一件特别难的事。好在我还有那么点对别人负责也对自己负责的劲儿，所以今天才能有这样一本并不完美但基本过关的书。

源起

一本《激荡三十年》，从2008年出版，到2014年偶然进入我的视野，好像是注定要给我启发的。利用几次飞行的时间，就把上下两册读完了，读得很过瘾。突然觉得之前读过的经济学教科书如果也能这么生动直观，当年的考试就不会那么费时费力了。

于是，《激荡三十年》成了飞行时间的必备品，我都不记得看了多少遍——直到2018年，《激荡十年，水大鱼大》问世，我的飞行时间才有了新的必备品。

2012年到2016年间，中国的房价经历了火箭般的上涨，中国的舞台表演艺术领域经历了后体制改革时期的阵痛与重生。在2012年这个重要年份，国有企业替代事业单位成为国有文艺院团的主要形态，一场改革在这一年画上句号。这场改革至今仍是舞台表演艺术领域让人不断讨论的话题。在接下来的4年中，国有演艺企业新三板上市、头部民营演艺企业逐渐涌现、旅游演出成为景区标配……这一切似乎预示着什么，但又没有明示什么。

在这4年中，我做了一件非常有意思的事——在原文化部政策法规司（改革办）参与办了一系列全国演艺企业经营管理人才培训班。这事有意思，很大程度上是因为——人。我不仅接触到学员，就是演艺企业经营管理者，还因为邀请老师授课，接触到行业大咖。与此同时，我们还借助培训班的资源，编写行业案例。

通过与他们聊天，我竟然更加深刻地认识投资圈朋友所说的“投资就是投人”。这些企业的盛衰，竟然可以从他们的经历、理念、为人等各方面找到原因。人，真是很有趣!

要知道，我这样一个从未写过剧本、导过戏、搭过台、布过景、卖过票的人，混迹于这些专业人中，我能汲取的营养简直是无穷无尽的。

这些营养，我要消化成我人生的一部分!

在飞行时间阅读《激荡三十年》的过程中，我突然想到要干一件更有意思的事，把行业大咖的故事写下来，他们的故事不正是最好的行业案例吗?

这个行业，远不如互联网行业那么炫目，远不如房地产行业那么暴利，但是这个行业越来越受人关注，因为这个物质丰富的时代需要更多高品质的精神食粮。而他们，就是精神食粮的耕种者。

于是，《演艺中国三十人》这个书名浮现在了我的脑海里。

行动

马云果然是大牛，我的行动恰恰印证了他的那句“晚上想好千条路，早上起来走原路”。2015年萌发的这个想法持续到2016年上半年，我依旧没有动手。

如果被人拒绝怎么办?如果写得不好怎么办?如果半途而废无法向人交代怎么办?如果……一系列的“如果”袭来，让我手足无措。

无论如何，这些都只是自己的假想。如果死在自己的假想中，岂不让自己笑话!

于是，我向合肥演艺股份有限公司总经理陈宁发出了第一个邀请，他是全国第一个成功带领国有演艺企业走向新三板的负责人。陈总爽快地答应了。2016年8月的一个晚上，利用陈总在北京出差的机会，我们从7点聊到10点多，惊喜地发现，我们才聊了不到一半。于是，第二天晚上，我们又畅聊了两个多小时。

从那时起，我的采访基本都要分两次完成，一方面因为受访对象都太忙，另一方面，一次完成真是太耗脑力。

第二位接受邀请的是开心麻花CEO刘洪涛。两次出击全部成功，这大大提升了我的信心，那段时间我甚至觉得这本书不久就将面世，直到……

动笔的那些天，我陷入了深思，以及深渊。我仿佛掉进深渊无论如何也爬不上来。他们的经历是如此精彩，文字却是如此苍白。我竟然找不到任何一种讲述好他们故事的方式。

停滞

写作的过程是困难的，还没能成篇，就已自我否定。故事没有吸引力，是面临的最大问题。如果无法解决这个问题，就违背了我想要用“有趣”吸引更多人了解这个行业的初心。

选人是更困难的。这个行业有一个特点——互不买账。无论是谁，无论有什么成绩，都有人甚至有很多人不认可。我曾陷入这个问题无法自拔。为什么选这个人?为什么不选那个人?可以想象，一场口舌之战不可避免。

自此，我的雄心壮志陷入了停滞。

甚至一度，我后悔自己有了这么个想法，这不是典型的给自己挖坑吗?如果这事儿只是自己写书，放弃也就罢了。这如今采访了2位行业大咖，占用了每人4个多小时时间，却说不做就不做了?我想，这也许会是我个人坏口碑的开端吧!

这不是我的风格。于是，停滞一年多后，我重启了雄心壮志，以及脚踏实地。

支持

个人的力量是有限的，组织的力量给予了我最大的支持。

由我作为召集人的演艺家微信群，在中央戏剧学院的大力支持下升级为演艺家论坛，并于2015年9月顺利举办了第一届。至今，论坛已由中央戏剧学院主办4届，凝聚了一批行业大咖，并以论坛为基础成立了演艺家研究中心，推出了《演艺家》专刊，在河北演艺集团举办了一次调研交流活动。2017年12月，《演艺中国三十人》于第三届论坛时正式作为研究中心的一项工作，这是对《演艺中国三十人》的认可，更是对我莫大的鼓励。

2017年7月，由中国文化管理协会演艺工作委员会（简称中演工委）主办的第一期全国演艺机构经营管理人才培训班，在贵州黔东南州举办。这也是我参与中演工委的重要工作之一。至今，这项培训班已经举办9期，参训人员近900人次，凝聚了演艺行业最广泛的经营管理人才队伍。在此基础上，中演中委给予《演艺中国三十人》相关人财物的支持，成为成书的关键因素。

这两个组织的力量是强大的，自2017年11月重启我的这项事业后，他们一直坚定地支持我，直到2019年12月成书。

不得不说，组织保障不是一句口号，而是定心丸。

妥协

理想的丰满始终抵挡不住现实的骨感。

虽然有组织的支持，但写作的难度始终在那里，不管我的信心有多坚定。面对似乎总是凑不上时间的行业大咖、每人4小时左右的采访、6万字左右的采访速记稿、少得出奇的行业资料，朝着真实、有趣、生动的人物故事目标，我妥协了。

第一步，我把《演艺中国三十人》改成了《演艺中国二十人》。我觉得可能没有那么多人能写，因为他（她）不仅要是真正的行业领军人物，还要有丰富有趣的人生经历。满足了这两点，还需要他（她）愿意让我写、有时间接受采访、同意我在书中发表。单是想一想，都觉得无法写30人了。

第二步，我把《演艺中国二十人》分成上下两册，写完10人先出版上册。人和事的变化都很快，不以任何人的意志为转移。等我写完全部20人再出版，也许他们中的一些人已不从事这份事业。

妥协之后，进度快了很多。所谓的快，也只是两年写10人，但终究是写成了。

书就

我把这本书定位为“舞台背后的精彩人生——中国演艺行业的‘《激荡三十年》+人物志’”。我希望通过领军人物的故事，提升整个演艺行业在全社会的知名度和影响力。

这是个小众行业，我是个小人物，但我希望通过我的努力，为演艺行业书就一部独特的人物志，因为创造历史的，是人。

为什么是这10位领军人物？一千个人心中有一千个哈姆雷特。也许有人，或者有很多人不买账，但没有人可以阻止我描写我眼中的“哈姆雷特”。因为他们带领艺术家为时代“鼓与呼”，因为他们有独一无二的行业贡献，因为他们是我敬重的演艺家。

最后，需要特别说明三点：一是每篇稿件均经领军人物本人亲自审定，文中图片也由其提供；二是历史从来都是由人书就，充满了人对历史的理解，所以有争议或不尽准确之处，请读者理解；三是为表达对行业前辈的尊重，全书按领军人物年龄排序。

目录 Contents

（按人物年龄排序）

清醒的梦中人

杨绍林　上海话剧艺术中心原总经理

那是2008年春天的事。

第18届上海白玉兰戏剧表演艺术奖名单中，赫然写着“徐峥”。这位“徐光头”因饰演余华原著改编的话剧《兄弟》中的“李光头”而获奖。

徐峥为此特别感谢一个人。

此前，他本想放弃出演这部剧。因为徐峥认为自己不适合“李光头”这个角色。他觉得自己看起来是个比较精细的上海人，缺少农民企业家的气质，“李光头”粗俗的一面与他的气质不吻合，自己也找不到扮演这个人物的感觉。

而那人在电话里提醒徐峥：“李光头”毕竟成就了一番事业，这说明他有过人之处，有“精明”的一面。仅仅呈现“粗俗”的人物表面形象反倒不能让观众信服。徐峥的精细，如能与文学人物已有的语言“粗俗”相结合，正好相得益彰。

话剧《兄弟》剧照

徐峥一琢磨，确实是这样，终于决定接演这个角色，结果大获成功。

一语点醒梦中人者，上海话剧艺术中心总经理杨绍林是也。

这位总经理不是仅仅长于运营的管理者，更是一位精通表演艺术的内行。他笃信，作为艺术管理者，必须了解自己的服务对象——艺术工作者。每个人的创作习惯不一样，每个人也都有很强的职业个性，对待他们，决不能以上下级间交办任务的思维去互动。

“作为一个文艺院团的经营管理者，你必须了解你的演员，必须跟他们一起来共同创造人物。”杨绍林曾在跟人谈起管理心得时说，“因为我做过演员，这段经历对我非常有帮助。搞艺术、搞管理，必须得懂行。”

玉出昆冈

杨绍林出生在河北邯郸，所以有个小名叫“邯生”。杨父到南京工作，邯生就被抱着进了南京。他的童年记忆是父亲的随和慈爱以及——母亲的棍棒——那是爱的另一种表现形式。“母亲的严格让我知道，想得到什么东西，必须得付出，天上没有掉馅饼的事。”他曾深情地向别人讲述自己的母亲：“我基本是在母亲的棍棒底下成长起来的，但是回过头来发现，成长路上，很多东西是我母亲给我的。”

1967年杨绍林初中毕业，随即下农村插队，幸而不算远，就在南京周边的“江宁公社”。插队到南方意味着要种水稻，挑担子、插秧，很拼体力。当地农民对城里来的小杨还比较照顾，不让他干太重的活儿。但小杨偏偏拼命干，因为父亲在“文革”时受到不公正待遇，杨绍林觉得委屈，就拼命干活证明自己。挑水泥一般人是一边一袋，他非要一边两袋。一年下来，工分记得比别人都多，也算是在江宁公社干出了点名堂。干了一年多农活，南京上马了一个钢铁厂，江宁公社推荐了两个靠谱的知青，其中一个就是杨绍林。小杨从小在学校接受的教育就是服从分配，没啥说的，收拾收拾进了矿山。

他的工作从插秧，变成了到地下采矿。

如今回想起来，他感到当时矿山工作的辛苦与危险远大于干农活。

因为建矿初期，安全生产条件欠缺，每年总要遇到几次人身伤亡事故。井下隧道掘进遭遇风险是难以预见的事情。何况几百米井下施工潮湿闷热，每天靴子里都倒得出汗水来。杨绍林不觉得苦——事实上，那时他因为父亲的事心里憋了一股气，为了证明自己忠于党，一度希望能够当兵上战场。这个不怕死的年轻人把劲头放在了工作上，放在了研究采矿爆破技术上，结果被评为劳模，给矿山新进工人培训采矿爆破知识。

一个按部就班的年轻矿工，当然不可能结缘艺术，改变矿工小杨人生轨迹的奇遇，发生在1973年。

那年，上海戏剧学院恢复招生，为了物色工农学员来到矿上，看上了杨绍林。小杨一听就拒绝了，因为“矿山缺人”，矿上领导也挽留说：“我们很需要你，你不能走。”另一边，上戏的老师们早已注意到他，请他去参加招生培训。这可能是杨绍林人生第一次面临两难抉择。这个温润的年轻人听从矿领导安排，选择去参加冶金部召开的一个“采矿技术现场会”，一走了之。

等开会回来，小杨满心以为自己连上戏招生培训班都没去，这事儿跟自己压根儿就没关系了。谁想到，上戏老师一个电话打到办公室，说找了他好久，怎么玩儿失踪。小杨只好直白说明矿山需要自己，这事儿就算了。电话那头的声音温和真挚得让人不忍拒绝，说：“那我们总得见个面啊。这里有一群老师都想见见你。”

放下电话不久， 这位老师就气喘吁吁大汗淋漓地站在了办公室门口，原来是从山下一路跑到山上，专门为了拉着杨绍林去参加考试。

进了考场，杨绍林反而毫不紧张——本没想去，考试成绩也就无所谓。老师让小杨唱首歌，这个“纯天然”的青年人直说自己只会唱“大海航行靠舵手”， 完了老师又让杨绍林朗读“雷锋的故事”， 内容是雷锋牺牲那一段，小杨读着读着动情了。随后又非常轻松，抱着平常心与考场老师合作演了个小品，演完之后老师直接拉着杨绍林去做体检。小杨懵懵懂懂一圈忙下来，老师们带着蒙娜丽莎式的微笑道别离开。一周后，上海戏剧学院的录取通知就来了。

20多岁的矿工小杨收拾收拾，去读书学习表演艺术了。

踏冰而行

老师们都挺喜欢这个种过地、挖过矿的大龄学生，用他们的话讲，宁可要一张白纸，只要能按照体系规矩来，就能成才。后来果然言中，毕业时学校要留他任教，但杨绍林不愿意。他的理由，已经非常有“学院派”的味道了——从理论到理论不会成为好演员，要做能教出好演员的老师，也一定要有实践的积累。杨绍林毕业后的选择，是去上海人民艺术剧院工作。他第一部戏参演了《杜鹃山》，到第二部戏《万水千山》时，就成了主演，跟着又主演了电影《陈赓蒙难》《陈赓脱险》。

到1985年，33岁的杨绍林成了上海人民艺术剧院副院长。

副院长要辅助好一把手，还要处理好左邻右舍的关系。艺术工作者讲究“沉浸”，讲究艺术个性的释放，而管理者则需要同人和事保持距离，维系各种艺术流派间的平衡。作为院团领导，过于“沉浸”，就会在主持工作时发生偏颇。

在他看来，民营院团的管理和国有院团的管理不尽相同。在民营院团，是老板聘来的，得为老板工作；在国有院团里，杨绍林那个时代的人基本是这样一个观点：我跟你都是这个院团的主人，我们都有话语权。你能演主角，我为什么不能演主角？你能拿这么高的工资，我为什么不能拿？你能评一级，我为什么不能评一级？每个人都是一样的。这导致在公共管理的时候大

话剧《万水千山》剧照

家角色定位都是主人，会使人际关系相对复杂一些。

杨绍林那时已经懂得了“多元共存”“保持平衡”的可贵与不易。等到他走马上任，如履薄冰之感促使他去思索，如何避免前车之鉴——那还是1988年的事。“文革”后头一次评定职称，并且评聘结合，定编定岗，约定一级若干，二级若干，三级若干。几十年沉淀下来的职称矛盾，众人都期待一次得到解决，真是十分“恐怖”的事情，因为必须按国家有关机构额定的职称编制数取舍，多出的人等于淘汰出局。须知那个年代，下岗失业是惊天动地的事。

当时的老领导箭在弦上，只能硬着头皮趟地雷阵。结果群情激奋的职工一副要拼命的架势。老领导也急得直拍桌子。杨绍林明白，改革到了那个份儿上，放在谁身上，都身不由己。

但那次职称评定与岗位聘任并没有解决发展的矛盾，硬生生一刀切自然不科学，而表演行业的人情感又比较丰富，碰撞之下，鸡飞狗跳。杨绍林回忆，进入聘任实施阶段，当时突然出现了一个情况：实际制作排戏的时候，突然发现留聘的人并不是最合适的，恰恰不聘的那人倒合适，这时候单位再去找人家，肯定被人家指着鼻子骂“瞎了眼了”。

杨绍林当时就意识到，这个行业的评价机制是模糊的、动态的，并不像体育运动，跑到几秒以内就是健将，达不到就不能进阶。这个问题，通俗地讲，就好比电影拍摄选角儿，陈凯歌喜欢的演员，不等于张艺谋喜欢。即使同样的创作选题，不同的创作团队，不同的审美趣味，得到不同的评价选择结果是十分正常的事情，这就是艺术科学的规律。定编了一百人、二百人，并非就能用这一二百人实现做好戏的目的。另外，随着电影电视的日渐兴起，话剧行业人才的流动性越来越大。想着把职工圈起来不去干别的事儿，是不可能的。利益和需求，都在撬动人才圈内圈外流动起来。因此，文艺院团的演职人员们更适合的是一种自由职业的管理模式。

一言以蔽之，表演行业从头到脚，都是一个自由行业。

可是，人才的自由流动需要政府搭建平台，但当时尚不具备这样的条件。当年，一个集体无意识的常用询问语正是：“你哪个单位的？”

杨绍林这些想法，当时自然得不到认同。他只能绞尽脑汁，思索如何既能解决矛盾，又能避免重蹈前人覆辙。

几十年后，杨绍林这样阐释：做演员，要演好自己的角色；做职工，要做好那份工作；做领导，必须要善于表达，要把面对的问题，用很清晰的语言逻辑表达出来。这样才能达到沟通的目的。一个好领导，一定要有表达能力。杨绍林坦言，“民主是个好东西”。他曾这样谈自己的经验：“要把管理层面对的事情，用最清晰的方式传递给大家，告诉大家我们正面对什么问题，有哪些方式，选择哪一条。没有民主，暗箱操作，公共环境里老百姓肯定要造反。”

凭着这一法宝，杨绍林在改革关头，很好地凝聚了人心。

独当一面

1995年1月23日，根据上级主管部门要求，由上海人民艺术剧院和上海青年话剧团“拆二建一”的上海话剧艺术中心正式成立。杨绍林出任一把手。

两家单位的合并其实一早就提出来过，但前人迟迟推进不下去——因为两个院团谁也不愿意取消自家的番号。合并后的原定名字“上海话剧院”也是“十年动乱年代”几代人的伤痛记忆，

上海话剧艺术中心揭牌仪式

如今重提历史创伤，让人难以接受。还有不少人担忧，两个院团艺术风格完全不一样，硬合并，会带来困扰。

杨绍林与相关领导思虑再三，与大家商量出一个办法来——将两家院团的牌子保留，演变成两家工作室。照理说，“中心”领导杨绍林职务应该叫“主任”——但听起来太过行政化——既然总负责，就索性叫总经理。两家院团的原负责人不叫副总经理，而成为各自工作室的艺术总监与制作人。

进入操作实施阶段，还是有人将了杨绍林的军：凭什么你当总经理？凭什么你当得我当不得？杨绍林不气不恼，心平气和地告诉人家：“可以的，欢迎你与我共同竞争。你如果真有这个愿望，赶快递竞聘报告上来，我一定配合落实此事，这个活儿对我确实不太好干，咱俩一块儿竞争总经理岗位是件很有意义的事情。”

听到此话那人气倒消了，告诉杨绍林：“有你这句话我的心态就平和了，我也知道这活儿不好干，人生代价太大，相比还是做一名演员纯粹。”

要革人家的命，首先得有革自己命的觉悟和勇气。

座次既定，却并没有称兄道弟、喝酒吃肉的时间。杨绍林要继续解决难题。此前的他或以演员、或以副手的位置自处，相对来说无疑较为简单、超脱。如今，他要作为“一把手”走向前台去遮风挡雨。真正的考验开始了。

20世纪90年代中期，市场经济的藤蔓已经开始撩拨得国有院团演职人员心痒眼热了。过去文艺院团是垄断式的，没有民营院团，但改革开放以后，面临电影电视的高速发展，话剧界人才流失的问题已有目共睹。

杨绍林早已想明白，市场经济的核心就是要围绕发展生产力解决要素配置问题。对于院团而言，人和钱这两大要素要处理好，是一个天大的问题。前面不少院团长的起落让杨绍林深有如履薄冰之感。后来他想清楚，一定要将人、财、物要素配置的标准制度化，必须走制度现代化这条路——愿意留下来的就留，愿意流动的就流动，把分配标准规章制度化。

关键就在如何处理好效率与公平。

在他看来，公平的问题应该是社会解决的。公平，需要社会保障平台的搭建，是政府应该解决的问题。企业生来以效率为主。在外部环境得不到配套的情况下他执掌院团，不能只讲公平或只讲效率。公平是剧院稳定的需要，而生产效率提升，剧院才有明天。只有如此，才能实现生态平衡与良性发展。

在制度明确、去留自便的前提下，杨绍林的选择得到了大多数愿意继续从事话剧人的支持。对干不了事的人，他采取老人老办法，新人新办法，中人合理对策。“他们以前做什么贡献，你得承认。因为时代原因，到一定年龄，职业竞争条件下降，他们的机会少了。”杨绍林曾这样说，“在社会基本保障体系尚未到位的情况下，这方面的改革成本是必须要支付的，逐步渐进的时间等待是无奈之举，也是改革智慧的需要。”

新老交替在一个单位往往是个敏感的话题。杨绍林记得当年有个年轻同志随口说了句“每个艺术家都有自己的一代观众”，立刻有老同志不乐意听了：“你意思是我们过时了，没有观众了呗？”

新的没起来，把老的也驱逐了，最后不窝里斗才怪。扶植好新人，照顾好老人，维护好中人，这是国情，也是文化传统——杨绍林曾这样感慨。

靠着自由选择与新老办法区分，班底交替代谢顺利完成。现实工作机会少的、年龄大的，由政府出台提前退休的配套政策，拿到百分之百的退休金。通过渐进式改革逐步推进，艺术生产力的释放让散了的人心重新凝聚起来。

钱途无量

这样一来，留下的人至少都是能统一思想步调，一起做事的。

凝聚人心之后，便是如何实现“人心可用”。

如果赚不到钱，发不出工资，这人心也凝聚不了多久。新上任的总经理得想辙给大家带来收入。

20世纪90年代，正是话剧市场滑坡的时候。中心是差额单位，国家财政给的钱远远不能支撑中心的运行。杨绍林还真去研究了中心为什么缺钱。那时国家也穷，没有那么多经费支持，只能采取经费包干、超支不补的方式。演戏没人看，票又卖不出去，加上影视行业高速发展导致话剧人才外流，这些问题虽然还不在考核范围内，但已经让杨绍林如芒在背。他曾经对朋友说，这些问题逼着他去向市场求解药。市场经济的核心是要解决要素配置问题，资本和人力资源是最关键的环节。找到了关节所在，杨绍林决定把家底告诉大家。

他直言，自己也想躺在国家政策上舒舒服服过日子，可现在时代不同了，不可能了。就这样，杨绍林给大家摆出来三条路。

第一条，以不变应万变。因为所有剧院眼下都这样，咱们不做出头鸟，混一天算一天。

第二条，采取职称评聘结合的方式再来一次。虽然此前实际效果证明并不好，但依然是可以用减员增效去支撑话剧。

第三条，干脆建立起双方自愿选择的流动机制，在明确责任主体的前提下，愿意去拍电影拍电视剧的放开流动。人才管理成本核算在公开透明的前提下，建立责任目标明确、可以精确量化考核的制度。

一方面，杨绍林把三条路给大家讲清楚，还说了段掏心窝子的话，大意是如果既能让大家不做事，又能多拿钱，又能使个人价值得到充分体现，有这样的方式，他也愿意同大家一起奔向那美好远方。可现实如此，有什么办法？

大家一想，确实是这么回事儿，大多数与他共同选择了第三条路。

对于赚钱，杨绍林是个乐观主义者。他看看美国和日本，知道中国话剧的市场空间超大。

日本的四季剧团，一年可以有16亿美金的票房。纽约一年的商业演出票房和非盈利演出机构票房收入加起来也将近30亿。而相比起来，中国演出业界市场收入的巨大差距，给他留下了充分的想象空间。在他看来，从某种意义上讲，作为现代文明产物的话剧表演艺术是一个朝阳行业，但太阳升起来的时候，能不能照到上海话剧艺术中心，中心能不能从泥沟里爬出来，迎着朝阳走过去，就看自己的努力与智慧了。

改革的大幕已经拉开，而突破口在哪里呢?

还真有了一个契机。

上海话剧艺术中心当时有一块地，可以说是这个机构手头唯一值点钱的家当。起初，这块地是用来建造职工住宅，从而解决职工住房矛盾的。

那时正好上海开始搞土地批租。拿到同意此地块建造职工宿舍的批文后，杨绍林正好了解到土地批租流程的政策及资本经营的一些知识。他脑中火花一闪，想到如果让手中土地流动起来，就可以做原始启动资本了。杨绍林算了一笔账：假如造员工宿舍，分配出去后，虽然解决了眼前单位职工住房困难，但若干年后，员工的后代与单位很可能已无联系，无形中造成单位永久性失去这块可持续发展的土地资源。

他心疼。

杨绍林想到，上海几代话剧人，数年来一直渴望能够拥有属于自己排练演出的专业剧场，中心今天要想把话剧做大，首要的，当然是要有一个剧场，就好比一件有品质的商品应该拥有自己的专卖店。用打游击一样的方式，今儿这里演，明儿那里演，不只管理成本高，信息不对称的情况下，观众也难知道要看演出得去哪儿看。杨绍林设身处地想到，很多观众看话剧并不是事先做好功课的，必须创造城市观看话剧的文化环境。

不建职工分配模式的宿舍了！通过土地资本经营盖剧场吧!

前人栽树

杨绍林这个决定不是拍拍脑袋草率定夺的。吸纳职工多方面意见，本是他的拿手好戏。杨绍林敞敞亮亮通过开大会、讲透土地资本逻辑，再用民主投票来做决定。要剧场，还是要房子?让大家明白，房子只能解决部分人一时的困难，还隐藏着分配公平与否的重大矛盾。

而盖剧场，得益于城市不同街道地段价值级差，富余的办公用房通过出租增加的效益，既能降低未来剧场营运成本，又能增加话剧制作经费投入，并且能够大大改善剧院人文工作环境和稳定提高单位职工收入。

打开天窗说亮话，公道自在人心。大家一听，顺利投票通过了建造剧场方案。

方向既定，杨绍林还得运作。

因为上海话剧艺术中心那时还是事业单位，不能直接从事房地产商业开发，需要借助一家有房地产资本运作资格的公司共同合作才行。经上级批准，中心拿出那块土地的一半，与合作企业盖商品房，取得商品房售后利润部分再投资建造话剧人梦寐以求的剧场。

于是中心的发展过程有了这样一个独特循环。剧院用地没有造职工分配住房，通过商品房销售积累的资本造了剧场，富余公共用房租出去产生的资本金，成为日后源源不断滋养话剧艺术的活水。

上海话剧艺术中心大厦扎钢筋

水能载舟，亦能覆舟。杨绍林坚决不与合作企业产生利益瓜葛，小心翼翼。他认定，自己这个行业，不是一个发大财的领域，深知搞艺术的人在大多数国家经济地位平均水平处在中下。他看到相关研究资料介绍，哈佛大学毕业生三十年回访调查统计，艺术从业者社会地位排序虽然不低，但是多数人表示，艺术是个让人着迷的职业，心理经常得到快乐满足感，又不得不承认多数时间处在为生计奔跑的过程中。这是一个有前景的行业，也是一个辛苦的职业。

剧场落成初期，由于可供轮演选择的优秀剧目十分有限，为了保证剧院天天有演出，在剧院的全部演出档期安排中，也充斥着一些不被看好的剧目，引来不少业界诟病。但杨绍林坚持认为，剧院天天有演出，天天有观众进入剧场看戏，比剧场因为没有好戏而整天关门歇业更有积极意义。杨绍林寄望于用市场的力量将烂戏挤出去，而非停滞于陷入无休止的空洞争论、失去剧院发展的机遇。

如今，上海话剧艺术中心不算票房，每年仅固定资产经营性收入就超两千万元。国家对文化单位的支持力度也比以前强了许多——但因为中心账上总是有不少钱，相关部门一看，觉得这家单位也不缺钱，支持经费也就少了。

杨绍林虽是敞亮人，但他其实很在意财政拨款或社会公共资助体系的建立。

在他看来，全球范围这个行业的发展经验，已被证明不可能全部用票房来养活，因为戏剧表演属于艺术类别，区别于娱乐产业。无论如何，阵地不能丢、导向不能改。要做到这一点，靠什么？要靠一定的资金支持。如果国家不支持，全靠市场票房来解决，那就肯定要出现导向与价值堕落问题。

是的，一贯把“市场”挂嘴边的杨绍林身上有明显的时代印记与使命感。这位强调“导向”的总经理化用美国一位剧作家的话，认为戏剧是促进社会进步的清洁剂，更是实现中国梦的清洁剂。戏剧是一种艺术，而不是娱乐，它有娱乐功能，但并不是完完全全的娱乐产品，它属于表演艺术，具有不可复制性。这个行业一般在发达国家定为非营利机构。

他曾说，国字号剧院毫无疑问就是主流经典的引领示范，地位是不可能改变的。当然，过分强调戏剧教化功能，会失去戏剧的艺术个性与活力；而过分强调戏剧艺术的个人审美感受，会陷入曲高和寡的境地；过分向市场妥协，会失去文化立场和艺术精神。作为剧院管理者，杨绍林谨慎又坚强地在商业戏剧、艺术戏剧与主流戏剧三者之间走平衡木，既努力避免极端，又尽力做到极致。

到2009年，文艺院团转企新风扑面而来。杨绍林切身感觉到改革大潮中说小不算小的问题——还是与拨款有关——话剧艺术中心作为事业单位，拨款顺利；作为企业，获得财政支持就多一点波折。这是亟待解决的问题之一。他曾颇显无奈地对朋友说，自己对改革十分拥护，这没有问题，但他反映问题没有人听，没有人解决，就成为有点棘手的状况。

那时，在某些人看来，只要转企就是好的，至于问题，只是改革进程中有待理顺的次要矛盾。

杨绍林习惯了戴着镣铐跳舞，闪转腾挪，也终能稳步推进工作。风浪见得多了，他自己也想得开——有些想法，有些东西，需要时间来证明，急也没有用。作为一个负责任的人，只能在现有语境下尽力做好。

他常说，我赶上这个时代了，尽管有时好像不被人理解，但是我觉得这也都是财富，这都非常有帮助。

近忧远虑

近忧不能遮蔽他的目光，只是杨绍林一个个解决掉的插曲。他的远虑却绵绵不绝。

如何保证上海话剧艺术中心未来的发展？杨绍林给出的答案，是创新驱动。

只有不断创新，不断有新的成果，才有可能保持活力。

“创新驱动是永恒的课题。创新永远在路上。”他曾说。

而要创新，作为一个管理者，必须要创造良好的环境。这就需要杨绍林既看清宏观行业趋势，更要在微观上懂得和不同的艺术家打交道。

说服徐峥出演“李光头”只是例子之一。

杨绍林的管理理念是，对演职人员，不能像管理军人、工人一样，如果他们感情上、心眼儿里不投入，那戏是创作不好、演不好的。管理者必须了解自己的管理对象，有必要的话，要跟演员一起来创造人物。正是因为做过演员，懂行，杨绍林在与演职人员打交道时游刃有余。

焦晃出演话剧《正红旗下》

21世纪初，上海话剧艺术中心将北京人民艺术剧院著名编剧李龙云的《正红旗下》搬到了上海的舞台上。当初签合作合同时，李龙云跟杨绍林说，不能改自己的剧本，不能随意删词或加词。这个剧本自己已经酝酿了好多年，动一句台词都像割自己的肉一样疼。既然绍林你这么有决心做成此事，就必须得答应我，不能擅改剧本，如果有改动之处，一定要得到我的认可。杨绍林当即答应，并就导演、主创人员问题询问李龙云的意见。李龙云一定要请老戏骨焦晃来演主角老舍。杨绍林也答应了，但随即想到了一个问题。

杨绍林提出，焦晃老先生为什么戏那么好？就是因为他在塑造人物时，说的是自己内心蹦出来的话。遇到不合适的词，他一定要改的，一定要找到他自己的感觉。如果只是编剧的话，那他讲不出来，一定是要改的，否则宁可不演。老李你执意不让改动剧本，那如果你跟焦晃老师意见相左，怎么办？这事儿不就黄了？

杨绍林建议，如果出现这种情况，希望李龙云能够向焦晃妥协。李龙云想半天，答应了。

最后演出来的戏十分精彩，杨绍林几乎每场都会看到李龙云坐在台下看得痛哭流涕。

在沟通方面，杨绍林有充分的自信。他曾在与朋友谈心时说：“作为一个经营管理者，你面对的是一群艺术家，如何与这些艺术家建立良好的沟通、人际关系？这必须得建立在你对艺术家的了解上。如果你不了解，对不起，那你可能有时就会处在一个非常尴尬的境地。这种事情是经常发生的，很多情况就是因为艺术家之间打架，事情搞不下去了，最后散伙。你论对错吗？没有谁对谁错，只是艺术创作上的分歧，审美差异引发对立的结果。无非就是没有把握调控好艺术家之间的关系。”

杨绍林更倾向于将管理者视作演职人员的服务者。他曾对媒体表示，院团管理的使命是搭建表演艺术通达观众的桥梁，创造文化需求将是院团推广与营销工作的归宿。剧院的推广与营销工作，不能简单地理解为广告宣传与卖票，而应该是吸引更多的人投资剧院、关注与喜爱戏剧，让观众走入剧场，感受舞台与表演的激情与魅力。

提携后进

着眼未来的另一个表现，是培养好新人。杨绍林为了避免人才断层，会自觉地给年轻人留出发展空间。对此，他打比方：三分之一押宝在成功者身上，三分之一押宝在试验者身上，三分之一押宝在经典主流上。年龄资历已从小杨变为老杨的他，为此仔细算过一笔账，发现投资给新人，虽然看起来风险大，但常常比投在成功者身上的成功率要高。

因为表演行业，本就是一个创意行业，是不可复制的。成功者往往按照成功的模式周而往复，难免观众审美疲劳的尴尬，而且聘用成功者的成本也偏高。但是，新人在意机会，容易全身心投入。表演、创作，是需要灵魂的。新人把灵魂押进来的时候，往往也是很大概率能出好东西的时候。

有一位某体育学院康复专业毕业的青年，放着优渥的工作机会不要，非要到上海话剧艺术中心来做宣传推广工作。杨绍林看着小伙子天天泡在排练场里，工作之余试着写剧本，心有所感，就帮他改习作，一次不行两次，两次不行三次。后来，杨绍林把小伙子的本子推荐给一位青年导演，让看看能否排出来，并打气道："成了算你们的，败了算我的。"后来做出来，居然成功了，一口气演了四十多场。小伙子如今已经是业界非常活跃的著名编剧。

杨绍林提出，只要是中心的员工，不管是80后、90后，只要符合条件，都可以申请担任制作人。只为给所有优质人才提供施展才华的机会。话剧艺术中心制作人负责的剧目，如果获得了市场成功，就可以从票房利润中提取一定比例的奖励。

一位毕业三年的新人，做了详尽的市场调查后，向杨绍林毛遂自荐，提出要排演阿加莎·克里斯蒂的悬疑话剧《无人生还》，甚至自己拿出20万元嫁妆投入排演。杨绍林被年轻人破釜沉舟的勇气所感动，也拍板由中心再出资20万元。后来，话剧《无人生还》首轮演出尚未落幕，二轮票房就告售罄。新人转型制作人的第一仗大获成功。

上海话剧艺术中心制作人竞聘大会现场

原来，中心有一个“35岁以下年轻人做戏计划”，在全年经费预算中，专门拨出30%的剧目制作预算，用于青年编剧、导演、制作人项目的风险投资扶持。

提起往事，杨绍林异常低调，只自我调侃说自己是“周扒皮”，给了年轻人个机会而已。他将自己的角色比喻为“总后勤部长”。“缺钱我帮他们解决钱，缺人帮他们解决人，更多的是在做这种事。”

制作人大体管三件事：人、钱、事。

要找对人、培养人、凝聚人；要筹资、要投钱、要带来收益；要选对方向、判断利害——都是杨绍林的活儿。

杨绍林有经验——一个院团，不能过分强调“教育”功能，那会失去艺术的个性与活力；也不能过分强调艺术的个人感受，“躲进小楼成一统”是自掘坟墓；又不能过分强调市场，那会将戏剧与观众引向“堕落”，失去戏剧精神。其中的度，一定要拿捏得当。

对制作人要求这么高，相应的待遇也就低不了。杨绍林规划，工资之外，还拿10%的干股，收入是杨绍林这个总经理的N倍。重赏之下，想干这份职业的人越来越多。相应的，杨绍林提高了制作人的培养门槛。

争取的人多了，“选择”又成了一个棘手的管理问题。民主投票也有缺点。杨绍林发现，海选有问题。不少参与海选投票的人更注重与个体的利益关系，注重表层的东西，往往在判断力方面很不理想，凭着感性认知就把票给投了，结果所选非人。早在1998年时，杨绍林就相中了徐峥，认定这是个可造之材，但徐峥因为年纪太轻，在海选中被淘汰。杨绍林认为，采用职代会推荐代表投票的方式可能更加理性些。

一花独放不是春。1997年中国话剧九十周年纪念活动的时候，杨绍林跟同行谈起制作人，就有人问：“剧团就是剧团，干吗搞制作人？那还叫剧团吗？”杨绍林说，觉得自己就像一个天外来客。制作人制、要素配置、演员管理、自由职业、会员管理方式……听讲的同行们都不懂。时间证明一切。得风气之先的杨绍林，终于还是受到了业界的认可。2012年，时任北京人民艺术剧院副院长的濮存昕对上海话剧艺术中心不吝赞美：

“我们也尝试搞项目制，设立制作人，但搞了两三年没搞起来。如果有一天必须要面向市场了，我们迟早要向上海学习，毕竟制作人制、项目制是国际趋势，全世界都这样。”

下过乡、插过队，同农民、工人一起劳动生活过的杨绍林注重实践，深信生活是个大课堂，一切实践都对他日后管理院团积累了经验，也让他没什么领导架子。当年，中心倾力制作的大型历史话剧《商鞅》虽然受到业界好评，但卖票仍十分艰难。杨绍林亲自跑到上海南京路街头推广演出。

曾经的年轻人杨绍林自己，以及上海话剧艺术中心，也是在人艺和青话众多老同志肩膀上走过来的。杨绍林在很多场合都这样强调。

矛盾人生

表演与人生，联系很密切。

毫无疑问，在社会物质财富极大丰富后，精神需求一定是趋个性化的，话剧只要把握好与人类文明共舞的节奏，是绝对不会消亡的行业。表演艺术是鲜活的、不可复制的。人人都需要艺术。而了解一点表演知识，在杨绍林看来，对做人也有好处。

他曾说，自己的前30年完全是在组织的安排下成长起来的，一心服从组织安排做事；后三十年赶上改革开放，个性得到了充分施展，面临的选择多了起来。因为表演要琢磨人物，加深了对自己、对世界的认识。这对于早年没有自我、完全投身理想与集体主义的青年转变思维大有裨益。得益于此，杨绍林遇事总能保持冷静与理性，即便院团管理很难、压力很大，他依然能够调整好自己的宇宙。

有一次，杨绍林跟一位新加坡政界人士聚会，这位友人谈到表演中背台词是个很难的事情，杨绍林就介绍了职业演员怎么记台词。在规定情景、人物关系、角色动作、相互交流中，找到自己应该表达的语言，这样才能像人话一样说出来。公众面前演讲，与舞台表演说台词，技术层面本质上有相同之处。一席话，新加坡友人击节赞赏，说太有启发了，杨先生你得跟我们去做演讲辅导，去教从政人员作演讲时如何感动大众。

杨绍林就像一个舞台上清醒的梦中人。在一定范围内，他是中心，是焦点，是沉浸最深的那一个。他有想法，有时恨无人欣赏，但没有太多情绪，冷静地尽力做好。种种矛盾在他身上纠缠，有的被他解决了，有的则成了他本身的一部分。他是豁达的人，但一生谨慎、没少纠结；他敢于创新，也小心翼翼；他相信民主，可觉得选票有时并不靠谱；他认为文艺是个开心的职业，也吐槽这职业不好干；他希望能够令行禁止，又知道跟演职人员打交道有很多讲究。

对于院团的管理，他有自己的“矛盾论”：管理者——期待规范、标准与秩序；被管理者们——尤其是艺术家们，期待突破，发现新的自我；观众——你永远不可能知道他们究竟需要什么，喜新厌旧是人的天性。如此看来，院团管理，也许叫“冲突管理”或“矛盾管理”更加名副其实，重要的是管理者在现实冲突与矛盾中不迷失自我。

这是杨绍林的常态，也是许多文艺院团掌舵人的真实写照。

他们心中有梦，他们必须清醒；他们凌空高蹈，他们负重前行。

上海话剧艺术中心大厦 2019 年新貌

凭硬功夫写真传奇

曹晓宁　天创国际演艺制作交流有限公司总经理

在“锦绣中华”第一次领到工资的情形，曹晓宁至今记得清清楚楚。

在内蒙古时，他是高级职称、副团长，每个月290块钱，被一些老同志骂：“我们革命一辈子，一个月九十、一百。我们革命的时候你还不知道干吗呢，咋就拿这么多钱!”曹晓宁心想自己招谁惹谁了，收入都是干出来的。

曹晓宁跳槽到“锦绣中华”，都没跟人家谈工资。人家没提，他也不好意思问。

一天晚上，有人通知他去领工资。他好奇又紧张。到了指定地方，先发工装，一下发了三套西装、九件衬衣，还有一沓领带。曹晓宁心想这太牛了，只怕自己一辈子也穿不完啊。

正题来了。人家告诉他：“曹总您还不是正式员工，只能给您定这个工资——3800块一个月。”

曹晓宁被金钱击倒了。人傻在那儿，不敢相信自己的耳朵。

看着人家把那么厚一摞钱给他放纸袋里，他才终于相信。

那时候发工资都是当面给现金，然后各自存到自己的存折上。

金钱的冲击太大。曹晓宁都睡魔怔了，当晚突然“咔”地坐起来，打开兜再数一遍。

小幸运

曹晓宁走上艺术工作的道路，纯属偶然。

1956年，他出生在内蒙古。父母因支边定居在乌兰察布盟。母亲在集宁市肉联厂当工程师。可想而知，这个祖籍山西的孩子小时候过得还算滋润。但后来赶上“文革”，父亲进了监狱，母亲被隔离。

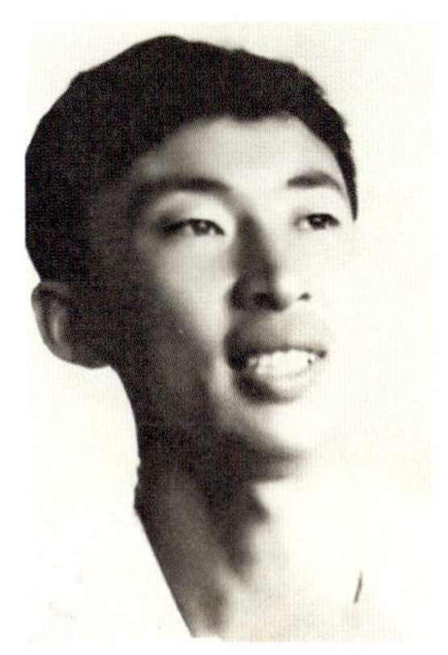
青年时期的曹晓宁

20世纪70年代初，家里排行老大的曹晓宁带着一个妹妹和两个弟弟“上山下乡”，去投奔在农村教书的姑姑。

农村条件差。下了火车，还要走三十多里泥路才到。

这孩子不喜欢农村，一点儿也不安贫乐道。

曹晓宁苦闷地长到16岁，村里发生了件不大不小的事儿——要搞样板戏，成立了两个文艺团，一团演京剧，二团演舞剧。

除了两条腿，曹晓宁没什么特长，于是骑着自行车，载着能歌善舞的妹妹去考二团。

在考场看着妹妹考完，曹晓宁正准备走人，忽然听到老师招呼他：“陪考的来试试吧！”

曹晓宁啥舞都不会跳，一阵推脱。

妹妹向哥哥传授速成秘要：“你狠命劈着叉往高了跳就行。”

曹晓宁就上去鞠个躬，然后一通窜。

老师笑着叫人摆了个动作，让眼前这个竹竿儿成精似的男孩照着做。一看那孩子学出来的造型，老师拍板儿：“行了，你来吧！”

村里人后来逐渐知道了，曹老师家那个大侄子，学芭蕾舞去了！

一到舞蹈班里，曹晓宁傻了。

人家同学小时候就练习，腿一掰，能到脸上；他使劲儿支棱腿，只能基本跟身体垂直。

班里招了120个孩子，最后准备留下60多个。要逐步分批次淘汰。

家里回不去，村里农活又太累。曹晓宁迫切地想留下。

他就狠命练压腿，压得自己都走不了路。三个月后，居然幸运地被留下了。

作为演员的曹晓宁

这孩子底子不行，之所以被留下，一是他刻苦上进态度好，二是老师的“深谋远虑”。

话说曹晓宁第一个出彩的角色，是在舞剧里演土豪劣绅南霸天。科班出身的孩子们气质太好，往那儿一站都玉树临风。而从村里阴差阳错“混”进来的曹晓宁，在脸谱化的表演体系里绝妙地诠释了人民眼中的土豪劣绅形象。演戏还真离不开他。

曹晓宁肯拼命，早六晚十地练功，业务水平急速上升。1971年5月18日，他终于转正，成为乌兰察布盟歌舞团的员工。三四年后，排《白毛女》的时候，他已经演伟光正的大春了。后来排演《草原儿女》，他演书记。

几十年后说起此事，曹晓宁只是感慨自己幸运——懂得用功只是一方面，领导的赏识与提携在那个年代才重要。自己可是反动分子家的崽子，随时被踢出去也说不定。

青涩的少年想法简单而笃定：留在这儿不被淘汰，就是幸福。

出头雁

曹晓宁好学。那时也有条件——全国文艺院团都互相学习，拿着介绍信去，说是来学习的，人家就接待。因为都是为了革命、为了国家。能来这儿请教，是师父的荣耀。学的虔诚，教的认真，五湖四海皆兄弟。曹晓宁好多朋友，都是这时候结交下的。

粉碎“四人帮”后，文艺院团迎来了春天。曹晓宁已经在舞台上扮演主角了，但他依然低调，也有眼力见儿，给别人帮忙时毫不惜力。

曹晓宁名字虽然乖巧，但行事风格很有草原人的坚韧劲儿。听到北京有堂好课，或者有好演员在北京上新节目，就跑去学习。路费钱是没有的，就扒着火车去北京。文艺青年心思细腻，他一般扒到丰台站就跳下来——因为北京站严密些，到那儿再跳很容易被抓到——跳下来后就从丰台走到天桥剧场去。那时候，天桥剧场就是他心中的圣地。看演出得买票，省下来的钱用到了这上面。或者到空政、总政去听课，老师跟他都熟了，也准他旁听。人家集训，曹晓宁鸡立鹤群，拿着小本子悄悄坐那儿记录。

歌舞团的领导与同事们也心明眼亮，都觉得这孩子乖巧可靠又努力，不好好培养一下可惜了。正好中国舞蹈家协会组织了舞蹈编导研究班，让各地方单位选送骨干参加。歌舞团里只有一个名额，被曹晓宁幸运地得到了。多年后，他与人谈起往事，自认这次推荐是重要的人生转折。

这是“文革”后第一次高级别的编导班，培训时长达8个多月。曹晓宁所在的班里面就两台录音机，一台大的集体教学用，一台小的昵称“砖头”，由学员“做作业”使用。播一段曲子，要把曲子背会。然后老师出个命题，比如叫“劳动”，学员就得靠着记下的曲子，去编这个主题的舞蹈。24小时不停运转，一个人可以用两小时，抽签决定时段。所有参加者都十分珍惜这次机会，抽到凌晨时段的也毫不抱怨。

在那里，曹晓宁遇到了改变他人生的人——中央芭蕾舞团王世琦老师。

王世琦慧眼如炬，从日常教学中看出曹晓宁有天赋，给了他很多鼓励。后来还经常带小曹到中央芭蕾舞团，对着新戏讲怎么编、怎么排，传授群舞技法等知识。

在此之前，曹晓宁从没把自己跟“天赋”挂过钩，骨子里是不自信的。这下子由内而外得到提升，进步飞速。

“他对我的鼓励，对我的传授，改变了的人生。他是我一辈子都不能忘记的人。”跟朋友回忆起王老师时，曹晓宁深情地感恩，“从编导班回来以后才有我的未来，才开始了我完全的新人生。”

培训班搞实习演出，排舞剧《英雄格斯尔汗》。曹晓宁作为舞剧组组长，第一次担纲舞剧。得益于许多北京名师的指点，这部舞剧十分成功，甚至引起了内蒙古自治区文化厅的注意。曹晓宁信心大增。

等结束培训回到内蒙古后，曹晓宁被委以重任——担纲内蒙古第一部大型舞剧《东归的大雁》的编导。

《东归的大雁》20世纪80年代初到北京公演，曹晓宁一战成名。时任

《东归的大雁》剧照

中国舞蹈家协会主席的吴晓邦看完演出写文章赞美：这是我一生中看到的最精彩的一部舞剧。我被这些人物深深地打动!

潜在乌兰察布盟的曹晓宁自此蜚声京城。

20世纪80年代中后期，呼和浩特成立民族歌舞团，市文化局局长来挖曹晓宁。单身汉曹晓宁一个人吃饱全家不饿，一想要进省城了，何乐不为？于是轻装简行，跳槽到呼和浩特。

31岁的呼和浩特舞协主席、青联副主席兼内蒙古自治区舞协副主席的曹晓宁，就住在单位的单身宿舍，天天又要编导，又要管理，还得开会，白天黑夜地忙，成了工作狂。天道酬勤，他做出了《塞上昭君》等一批优秀作品。

曹晓宁怎么会预见到，一次偶然的际遇，将彻底改变自己的人生。

遇伯乐

20世纪80年代末，深圳大型文化主题公园“锦绣中华”筹建中国民俗文化村。“锦绣中华”的副总马启谋，跟着中央美术学院的周令钊、侯一民两位教授到内蒙古考察民俗文化。呼和浩特文化局长抽不开身，委托曹晓宁接待。

周、侯两位教授是美术界德高望重的先生。周令钊教授是第二、三、四套人民币的总体设计者，是天安门城楼毛主席像的绘制者，看曹晓宁勤快周到，还用铅笔给他画了个像。

几天下来，马启谋发现曹晓宁是个人才，能做内容，还能做接待、搞外联，顿时有了一个大胆的想法，瞅个机会跟曹晓宁说：“看你们团的演出，很棒！由您接待，也很愉快！您考不考虑来深圳?”

曹晓宁问：“深圳是什么地方?”

马启谋喉结一动，咽了口唾沫，耐心地介绍起改革开放的窗口。

曹晓宁又问：“我去那儿干啥呢?”

马启谋兴奋了，说了一大堆，主题公园啊，文化啊，民俗啊……

曹晓宁只听懂“公园”几个字：“我在这儿好好的，我去公园干什么？你们弄点凳子、栽点儿树不就完了?”

马启谋脑门儿见汗：“要不你来看看吧！我说不清楚。我们邀请你，你来看看，就明白了——是，是有房子有树，但是主要是主题公园，主题——”

这个曹晓宁熟，兴奋地接茬：“我知道！有房子有树，大家坐阴凉那儿休息嘛，公园嘛！不过我去不了，我结婚了，孩子刚出生半年，走不开呀。”

几个人萍踪偶聚，曹晓宁本没放心上。可马启谋慧眼识英雄，很执着地认定了曹晓宁。

曹晓宁在北方草原已经将团里事业搞得风生水起，组建了民族歌舞团、轻音乐团、青年演艺二团。其中走出了日后的半支零点乐队以及斯琴格日乐。那时候，围绕轻音乐一团应运而生出许多“盗版团队”，冒着名出去演出赚钱，从这个细节，就可以看出团队有多火。

一天，曹晓宁收到了马启谋的邀请。

“邀请你的团队来演出——演出费肯定丰厚——管吃管住……”

曹晓宁一听，好事儿，就答应了，安排了民族歌舞团到深圳去演出，反响非常好。

可是，马启谋炸了。

南征谱

原来，歌舞团去是去了，曹晓宁因为太忙，没去。

请团队过去演出，是为了让小曹去，谁承想呢？马启谋太爱才，一计不成又生一计。

办论坛。“邀请曹老师拨冗参加。”

曹晓宁本来不想去，但人家机票都买好了，想想对方几番折腾，盛情难却，只好过去。

曹晓宁与民族歌舞团

到深圳一看，先吃了一惊。会场里，舞蹈界大咖全在那儿。“窗口”的调动能力令人印象深刻！

三十出头的小曹作为少壮派置身其中。

座谈会开起来，曹晓宁身临其境，终于明白“锦绣中华”不是简单的公园，也终于被现代化的深圳给镇住了。

“锦绣中华”要办民俗文化村，请各位专家提建议。

大咖们讲了很多，但因为年纪与视野的原因，说得有点凌空高蹈，偏于文艺和理论。

轮到曹晓宁发言，他提出：“这个民俗村需要热闹，需要活化，村寨里面的人怎么热闹起来呢？首先，晚间应该有一个大型表演，这个表演应该从各个村寨汇集而来。”

“锦绣中华”的高管们一听，来了精神——听了一堆高屋建瓴的理论，终于来了个说方法、谈执行的了！一打听，原来是北方大草原来的曹晓宁，再细看，一副老成持重的面孔，配上锐意进取的创意点子，顿生好感。

老总们纷纷对马启谋竖大指：马副总有眼光！这位曹老师，务必挖来！

曹晓宁此一时非彼一时，心里也活泛了。

但“锦绣中华”发现，这事儿办不了——因为不符合政策！

原来，深圳有一条法律，特区是不允许从少数民族地区调干部的。

为了曹晓宁，“锦绣中华”真是下了功夫。

话说一次机会，文化部一位领导到“锦绣中华”一看，很有感触，对高管们说，除了资金支持，要什么都好说。高管们立刻默契地把曹晓宁的事儿说了。

领导写了条子，委派民俗文化司司长去呼和浩特协调，先把曹晓宁“借”到深圳去干半年。

自此，曹晓宁与深圳结缘。

连轴转

到了晚年显年轻，年轻时候又显老——曹晓宁面相上忤逆自然规律，反季行事。

当年到了“锦绣中华”后，曹晓宁回内蒙古搬家。马启谋让自己的司机开车帮曹经理拉东西。路上，司机问：“曹总，您跟马副总谁大?”

曹晓宁吃了一惊。

马副总当时五十多岁，而他曹某人当时三十多岁。

他反问司机：“你说呢?”

司机很认真地回答：“我觉得，马副总大一些。”

曹晓宁笑出声来：“我有那么老吗？全是工作累的呀!”

被挖去之后，曹晓宁就被任命为两个部门的经理，手底下管着七百多人。

到了深圳，报到完毕，领导马上派来任务：第二天你就去广州，有一个华侨补习学校在瘦狗岭，一批学生等待培训。

曹晓宁自己还都没搞清情况，只好带着几个人过去。面对一批学员，从教授唱歌跳舞做起，还得教点文化。多年后，他笑着形容自己当时“像愣子一样”。

别看现场的学生一个个其貌不扬，后来里面可出了好多诸如旅游局长、文化企业老总等有成就的人。曹晓宁走到哪儿，没准儿就能遇到一两个“门生故吏”。

培训完了刚回来，又有新任务：当年十一，港中旅要搞一个国庆晚会，需要成立一个艺术团，赶紧找人，得搞一台民族特色的节目去香港演出。还剩48天，老曹看你的了。

48天？艺术团？晚会？

创作、招生、管理、培训、文化村建设等工作千头万绪，这回又来这么个急活儿。

从内陆草原来的年轻人，第一次感受到了市场经济对文化工作的“鞭策”。他对“文化产业”的认知，逐渐萌芽。

最直接的触动，当然是工资。

不差钱

第一次发工资领到三千八百块一个月的曹晓宁，直到第二天才缓过劲儿来，赶紧存进银行，然后给家里媳妇打电话。

“发工资了。你猜我挣了多少钱?”

“多少钱?”

“你猜!”

“五百?”

“你再猜!”

“一千?”

“再猜!”

“一千五!”

“再猜!”

“一千九！不可能吧！”

“再猜！”

“还猜啊！”

贫穷确实会限制人的想象力。曹晓宁告诉妻子自己每个月工资三千八的时候，两口子都是迟迟走不出亦真亦幻的惊喜。

曹晓宁亲自指导演员表演

一位朋友听完曹晓宁讲述这段趣事后感慨：深圳能后来居上，是有原因的——确实尊重人才。

曹晓宁回答：“人的价值，是要被承认的。”

他坦承，从这三千八百块钱开始，自己终于铁了心，一定要到深圳来。

墙外香

48天，一场巡演。曹晓宁办到了。

接到任务后，他赶紧去联系人。民俗村的人被他叫过来了，在赤峰歌舞团的同学也被叫过来了，一番折腾，终于排出了一台节目。到香港一演，特别成功。

年轻的土包子又见识了“东方之珠”的风采，眼界大开。马副总同行坐镇，对成功的演出十分高兴，看着靠谱的曹晓宁，恨不得分出身来拍拍自己肩膀：老马，你眼光真好！

第一年，活儿干得漂亮，曹晓宁算是真正意义上在深圳站住脚了。

后来，曹晓宁又作为领导小组成员，参与了世界之窗的前期工作。1994年，他被外派到美国，筹建佛罗里达“锦绣中华”。整整一年，曹晓宁带着民族歌舞团、民族服饰团、土风歌舞团在佛罗里达大放异彩，将这个“海外据点”搞得风生水起，后来的“华侨城模式”，就是他从那时的经验心得整理的，甚至后来业内大名鼎鼎的“宋城模式（演艺公园）”，也是从曹晓宁那儿调研学习的结果。

美国跟香港、深圳相比，又是一番化外天地。曹晓宁也留心学习，这里，将成为他日后走向事业巅峰的关键节点。

一年后，从美国远征凯旋的曹晓宁被任命为“锦绣中华”的常务副总、党委书记。总经理常常在香港，具体业务上的掌舵人就是曹晓宁了。

福兮祸所伏。正当他事业蒸蒸日上时，不想却发生了重大挫折。

危与机

1994年开业的世界之窗，分走了“锦绣中华”一半的骨干员工。

剩下的一半兼顾老景区和新景区，疲于奔命。

世界之窗的盘子是“锦绣中华”的十多倍。市场不是拳赛，先分量级再竞争。得其大者兼其小，是残酷的现实。

一方诸侯曹晓宁，可不会束手就擒。

怎么办呢？

曹操官渡破袁绍、东晋肥水胜前秦，以少胜多的战例不是没有，就看能否出奇制胜。

曹晓宁磨砺他的“奇兵”，用了四个月。

经过一百多天的打磨，他搞出了中国第一部实景演出——“中华百艺盛会”。

这倒不是空想出来的，是曹晓宁当年在美国时，从人家迪士尼公园那里受的启发。

“中国第一部在室外演出，以实景为背景的大型演出。”多年后跟朋友谈及于此，极富表现力的曹眉飞色舞，“当时把中国的优秀民俗文化，都高度集中在一起了。”

威风锣鼓、芦笙会……诸多非遗都在其中。

曹晓宁玩了个大的。“锦绣中华”所有村寨的演员，600多人，都不够用。还要再外请专业艺术团队。

曹晓宁带出来的兵多才多艺，召之能战。“中华百艺盛会”最后一个节目是舞龙，曹晓宁把餐饮部的员工都给用上了。有国内最好的舞龙师傅带，后厨大师傅放下菜刀就上去舞龙。比外面请实惠，员工也有演出费，皆大欢喜。

实景演出一经推出，立刻火了。看“中华百艺盛会”，成了到深圳游览不可不看的“人文经典”。时任驻美大使李道豫看了百艺盛会的演出后当面对曹晓宁说：“晓宁，我就两个字来形容——伟大！震撼得我直想哭！”

连老外都爱看，那时到香港的外国人免签，常常晚上坐大客车到深圳看“中华百艺盛会”，然后再拉回香港去。

“文化，原创最重要！有原创，有创造力，文化才能强。”曹晓宁与业内好友交流时道出了自己的演艺哲学，“克隆必衰，模仿必亡！”

他拿华为举例：“你看华为，永远在研发。”

“现在如果让我做景区，还是原创。”曹晓宁直言不讳。

去“北漂”

1996年，曹晓宁再次被派往美国。佛罗里达的“锦绣中华”经营不理想，需要他去救火。

佛罗里达的“锦绣中华”主题公园里有两个剧场，一个露天的，一个实景的。刚开始的时候，中国人把自己认为非常好的剧目拿到美国去演，老外却看也不看，不喜欢。曹晓宁研究了美国观众的癖好，跟民族歌舞团的丁伟合作，推出了大型歌舞《神秘的东方之都》，在佛州的“锦绣中华”演出了五千多场，大获成功。不少华侨还把那儿当成了教育下一代寻根溯源的教育场所，带着满嘴英语的晚辈去那儿看“长城”“黄鹤楼”。

曹晓宁登上佛罗里达州商业杂志封面

曹晓宁早就提出，在美国搞演艺公园，必须“活化”——事实上，“活化”，正是曹晓宁引以为傲的华侨城模式的精髓——比如兵马俑，戳那儿照张相，美国人也不知道是怎么回事。但假如给他演出来，有了大秦帝国国防部队的陪伴，秦始皇死后还要去征服另一个世界——这一讲就活化了。

“旅游，就是一种讲述。没有讲述，就没有意义。所以，旅游必须有文化，讲述才有内容。”旅游演艺先行者曹晓宁一针见血。

“文化人”是谁？讲解员，导游。

至今，提起河北丰宁满族自治县千年古松树——九龙松景点，曹晓宁都赞不绝口。“我说你这太成功了，卖一百块钱门票，就一棵树，圈一个院子，人家都来看，绕一圈，能讲50多分钟。”

曹晓宁在美国敢想敢干。佛州“锦绣中华”曾经推出过很多艺术性强的作品，但老外看一眼就走了。科班出身的艺术家曹晓宁毫不掩饰：“演出必须市场化。不好看人家就走，还谈何其他?”

在美国做了六年后，曹晓宁看到演出在美国这么受欢迎，思考成熟后打报告给领导，要求回国做演艺公司。风声一起，世界之窗赶紧请他去做总裁，曹晓宁脑袋晃得拨浪鼓似的，说不想干，景区这活儿太累了，每天要拿着大哥大跑来跑去。自己想去北京开公司。

东挪西凑注册资金后，天创国际演艺交流有限公司诞生在北京。

第一单

对曹晓宁的天创国际而言，第一笔生意来得很不容易。

他跟妻子搞到美国所有演艺机构的目录，跟爱人打了三千多封信，一家一家发过去，“我们是来自中国的一家剧院，我们有杂技、歌舞等民族风情节目。如果对中国文艺表演感兴趣，敬请联系，我们在美国也有办公室”云云。

第一笔生意就是这样广撒网捞来的。

美国一家专门做巡演的百年老店奔走高校之间，做多元文化教育课。曹晓宁各省攒了些优秀的杂技演员，编制成四个小分队，与其合作，在美国巡演，大受欢迎。

有了底子后，天创制作了杂技剧《天幻》，成为其第一部代表作。

沈阳杂技团等合作方依靠这部作品，实现了市场和口碑双丰收。甚至可以说，这部剧挽救了沈阳杂技团，并奠定了其日后的“江湖地位”。

沈阳杂技团的领导都记着曹晓宁的好，每次遇到，都特别客气。

内部人士透露，这次运作是中方提供内容，美方直接购买内容并负责后续市场，各施所长。相比绞尽脑汁送票的“送出去”，这种文化交流似乎是更健康、可持续的“走出去”模式。

紧接着，曹晓宁跟丁伟再度合作，天创又在桂林推出了旅游剧《梦幻漓江》，把杂技和芭蕾舞结合，又是大获成功——一个很有说明意义的细节是，这部剧至今演了16年，依然没有淘汰。

《梦幻漓江》对天创意义颇大。有美国演出商看了之后立刻表示要合作，想做中国武术。天创来者不拒，又推出了《少林魂》，在美国又是大受欢迎。

《少林魂》是应美国演出商要求制作的，它更重要的意义在于——是日后天创爆款品牌剧《功夫传奇》的前身。

真传奇

《少林魂》美国演出回来后，赶上了非典。北京工人文化宫下了步先手棋，提前来找天创，希望非典过后能在文化宫演《少林魂》。曹晓宁一看这个题材国内国外都喜欢，索性提议主创团队：功夫可以说是中国文化最具有国际传播度的世界性品牌，围绕中国杂技和功夫，做个精品吧！

由此，经过31次修改，才诞生了音乐剧结构的舞台动作剧《功夫传奇》。

这部剧有多火？

当时如果想看，需要打电话预约买票，或者找人托关系。迄今为止，全球演出八千多场——可不是“送票”的那种。

如今，《功夫传奇》已发展出四国语言、七个版本。国内驻演、美国驻演、世界巡演三管齐下。

高冷的伦敦西区，堪称歌舞话剧的圣殿。《功夫传奇》偏向虎山行，曾在西区一流剧院——伦敦大剧院演出了27场，以纯商演的方式进入了西方高端演艺市场，并实现了盈利。

曹晓宁曾透露过一些关于此行的细节。

当时只计划演12场，行程19天。结果不断加场。伦敦大剧院院长看着预售票的情况，曾提前告诉曹晓宁，“你得加场”。结果证明人家看得准，加场加了一倍还多。

《功夫传奇》海报

内容上有了《功夫传奇》，在运营上，曹晓宁也演绎了一段传奇——收购美国白宫剧院。

白宫剧院坐落在美国密苏里州的布兰森市。布兰森常住人口一百万，但年接待游客七百万。每年，来自全球的游客在当地的50多个剧院中看演出。白宫剧院是当地第二大剧院，如今挂上了红灯笼，一派中国范儿。

曹晓宁回忆，当年去买白宫剧院，自己跑了四次。第一次去是被人骂出来的。曹晓宁开价600万美元，人家不乐意了，说这是600万美元能买的吗？白给你还差不多。2009年，世界金融危机，白宫剧院

美国白宫剧院

的人又回来找曹晓宁，问还买不买。曹晓宁呵呵一乐：这次出价300万美元。剧院的人不干，但态度已不似前时，一番讨价还价，以354万美元成交。

义与利

曹晓宁不是那种“一招鲜吃遍天”的知足常乐者。《功夫传奇》之外，天创还有《马可波罗传奇》《梦归琴岛》等代表作。

他是一个不知疲倦的行者。

“我是1956年出生的，现在跟我同龄的基本都退了，就我超期服役。”他曾跟朋友这样炫耀。曹晓宁也从不讳言，自己一直坚持干下去的动力之一，是物质回报。

“所以我当经理人，这么老了，还得当。我当经理人能拿奖金，我当股东还能分红。”年薪、奖金、股份分红……他在乎，他高兴，“这是管理者价值的体现。要不为啥退休了，我还琢磨着转型呢?”

但你要说老曹爱财如命，那也言过其实。他高兴的是自己值这个价，有价值，能做出创造价值的实事。

“文化人必须创造价值，否则就是没有文化的人。”老曹金句一出，不少朋友为之莞尔。

他极端鄙视那些跑文化项目资金的混子，更狷介地拒绝了很多奖项。

“跑项目，跑奖项，把国家的钱骗到兜里。你骗我，我骗你。有意义吗？胡说八道！”他曾这样吐槽。

本性诙谐谦和更阅尽世事的曹晓宁难得金刚怒目一次，也是因为看不惯那些蝇营狗苟。

“跑个奖，得了名，把奖金偷偷塞给评委。”老曹哼一声，“我宁可不评奖。”

物质之上，有价值，与情怀。

在老曹眼中，卫星上天是硬仗，文化传播同样是硬仗。要谈中国文化走出去，必定要研究英美市场。在白宫剧院坚守着的一批天创人正在干这样的事。

“这个事儿我必须做。演艺家要有良心。你的努力，对推进戏剧、推进舞蹈、推进中国艺术有什么样的借鉴？即便失败了，也是有追求的失败——我在追求中倒下了，这条路不行，大家以后别走这条路，至少能提个醒。”曹晓宁曾说，“不怕失败，但要研究。最后这个事儿一定能成。”

成与败

曹晓宁不是“多智而近妖”的神算子。他当然也有解不开的局。

他的梦想，是在中国建立属于中国人的“百老汇”。一条大街上，有很多演出。为此，天创曾策划了“国际演艺大道”，准备在首都北京搞一个剧院大街。这个策划受到了北京市领导的高度重视，据说专门成立了班子来搞。双方的设计、用地规划等等都做出来了，但因为拆迁等诸多问题，被搁置下来，后来北京市领导有变动，人一走，事情也逐渐凉了下来。

2019年与朋友聊天时，曹晓宁不无惋惜地承认，这个项目已经下马了。没有抱怨，没有愤慨，也没有深藏城府。

在商言商，很多时候，他也没办法。但是，曹晓宁的长处，在于能在“死局”中杀出一条血路。

外界只知天创收购白宫剧院的豪情，然而，很少有人知道，中国接管白宫剧院后，美国三百多售票点，只有二十家卖这家中国剧场的票。

天坛演艺大道设计图

曹晓宁曾跟朋友说，那时自己欲哭无泪，陷入无物之阵——都不知道问题出在哪儿。接触的美国人都很友善，但就是没人来看戏，没人来买票。

这种情形延续下去，就会演变成非常有讽刺意味的反转新闻。

曹晓宁硬是带着队伍挺着，研究着。

挺了一年，人祸没终结，天灾又来了——赶上了美国刮飓风。密苏里州甚至有个剧场被夷为平地，死了6个人。

这种情况下，演出活动一概停止。

天创的美国之行，似乎走到了绝路上。

曹晓宁咬牙接着挺。州里组织义演，老曹就让剧院的演员集体出动，声势浩大，与老外通常就是一个人上去唱个歌、说几句话比起来，着实先声夺人。

结果天创的演出，成了一台晚会的顶梁柱。开场是他们，中间是他们，伴舞不能没有他们。义演一个月，电视上都是他们，在美国人心中他们算是混了个脸儿熟。等演员们回到布兰森时，一下飞机，遇到美国市民，人家都鼓掌致意。

当年，天创的演出还获了一个奖。布兰森的市长说了段意味深长的话，大意是老曹，你们不再是布兰森山头上演出的外国人，你们是布兰森引以为傲的大家庭中的一员。

卖票的困局，上座的困局，知名度的困局，迎刃而解。

内外功

纵观文艺院团，内容与市场“内外功”能双修到曹晓宁这样水平的人，真的不多。更难得的是，对于艺术与市场，曹晓宁似乎天生没有痛苦的挣扎。“向市场妥协，还是一小撮人的自嗨”这种两难抉择，似乎从没有困扰过曹晓宁。这里面当然有客观因素，但更主要的，是这位科班出身的艺术工作者，对市场有着毫不动摇的笃信。

谈到这个话题，就避不开“主旋律”。曹晓宁曾得意地向国家知名院团领导介绍，一年利润有一千万。对方下巴差点掉脚面子上，说自己都是赔钱的。曹晓宁心知肚明：你们的作品演五场可能就算完了，但我的节目演十年都没事儿。他曾说，主流文化，得有好戏，得有好演员，否则号召不起来市场。时代确实需要先进，但不能流于喊口号。主流文化，更要产业化，更要与时俱进，不断修改，每当市场不满意，或缺乏市场吸引力，就要不断革新。

他曾这样解释天创的主流文化作品为何经久不衰：天创的作品，既有故事，能够打动人，又能够给人以教育启迪，还能国际化，走向世界。我们的语言是国际化的语言，是外国人也相通的审美情绪，大家都能看懂。

曹晓宁说："走出国门不是目的，深入人心才是天创人的梦想。"中国国内演艺剧目不乏精品，为什么一出国门就玩不转了呢？重要原因是"制式"不对。

天创的"转制"能力，就是通过对目标国家受众欣赏需求和特色的把握，对"中国制造"，从语言特色、欣赏角度、思维习惯、价值体系等方面进行改编与再创作，使之能够在目标国家深入人心。

天创演艺剧目转制生产，如2012年的《梦归琴岛》和2013年的《马可·波罗传奇》，无一不是具备了几大要素——拥有国际化的语境、体现多国多民族文化的血缘、体现人文情感、借助多种舞台手段的国际语言。

今天的天创也依旧秉承这样的理念，为中国更多的文化旅游项目出谋划策。

熟悉曹晓宁的人都认同：老曹是个有趣的人，浑身正能量，让人舒服。他可以看作一个心怀理想、负重前行，却面带笑容、不忘一路摘果子吃的大孩子。

活得明白，不纠结，又简简单单——大道至简的"简"。

山水间的狂想

梅帅元　山水盛典文化产业股份有限公司董事长

2019年4月的北京，一场雨悄然降临，水汽盈溢，尘埃回落，拂面而过的风也倏忽地夹了几分凉意。

季节正向梅帅元释放着显著的信号，一年中最奔忙的时段又要到了。三月以来，他在新朋旧友中游走，他在多线并行的事项里穿梭，他往返于国内国外，他在抢时间。

可预测的是，绿色将于不久后重回树梢，柳絮会在新一轮的春日下横飞，然后，经过一阵大风天气的扫荡，北京乃至全国的气温就会头也不回地冲向30摄氏度。这意味着，蓄势待发了一整个冬天的游客们，很快将填满所有景色宜人的河山。

梅帅元必须加速行动。

当下

今年也一样。还有不到一个月的时间，梅帅元必须让那些遍布在全国各地的几十个大型实景演出先于游客们苏醒，尤其是数十个位置偏北的项目。梅帅元深知，这些在旅游旺季能够吸引上千万人的庞然大物，从蛰伏期脱离进而重启，需要不少时间。

于是，这位给中国铺下一条独特文旅产业链的演出策划人，不断致力于将棋步挪移至被漫长夏季和暖湿气流占据的东南亚地区。在那块作物一年三熟的土地上，每天都是人们眼中旅游的好日子。

梅帅元需要一个安静的片刻，为自己稠密的日程腾出一点空隙，比如雨水渐渐消停的午后。阴天，气温勉强在10摄氏度以上摇晃，他随身携带的东西不多，在居所附近的咖啡厅外安然落座，头上见不着天花板，可以连续不断地抽烟，缀饮咖啡。这样的环境中，他可以把思绪放慢，瞻前顾后。

工作中的梅帅元

而一旦思考过往的时间拉长，亦或是人生感慨开始堆积，梅帅元就像是一个陷入泥沼的人要赶紧爬起来。“我是一个很当下的人，我老觉得回头看好像就是要结束了，可我没老呢。”即便已是越过人生六十岁的山丘，他也仍时刻有股箭在弦上的劲头。

以总编剧及总策划的身份推出《印象·刘三姐》之后的很长一段时间里，梅帅元不断发掘和探索着中国陆地上的更多山水可能。到现在，他的身后是一支上万人的军团，相继打造出了《禅宗少林·音乐大典》《大宋·东京梦华》《鼎盛王朝·康熙大典》等二十余台大型实景演出作品。

一年多前，他第一部向海外输出的作品《会安记忆》(Hoi An Memories)成功在越南会安上演。在梅帅元眼里，这代表一个全新的节点，在山水间讲世界故事的念想，终于落下了第一个回响的音符，下一个十年，是走向国际的十年。

巧合遽然到来。新征程的当口，国家层面的明确意志终于落地。2019年4月，文化和旅游部印发《关于促进旅游演艺发展的指导意见》，这是国内首个促进旅游演艺发展的文件。从某种程度上说，梅帅元几乎以一己之力，为政府在实景演出乃至旅游演艺方面的政策研究贡献了巨

《会安记忆》海报

量的实践经验。

在此之前，各界对于实景演出的争议从未中止过，更谈不上定性。在气势恢宏的山水美景与五光十色的现代灯具表象下，标准一直没有被建立起来。梅帅元对此曾多次旗帜鲜明地表达自己的观点：“人老是有个普遍性的毛病，特爱模仿，那些质量差还做得不像的，也叫自己是实景演出，如果依照我的要求，能冠上这个名号的演出真的不太多。”

此外，还有各种各样导致失败的原因。比如技术尚未成熟、没有做过充分的调研和考察，或者是还没等到好时机。开发《禅宗少林·音乐大典》的时候，梅帅元也遇到过艰难时刻：演出地点周边没有相关配套，酒店距离场地很远，餐饮设施更谈不上，“去看演出要带烧饼，看完再回到郑州去”。

最终，这个项目凭借过硬的质量坚持下来，多年以来不断创造着相当可观的收益。实际上，不论是客观限制还是主观失误，一切都是大浪淘沙的过程。以梅帅元近二十年的经验来看，如果实景演出行业没有建立起一个标准或规范，市场也会在长期演化中给出答案。投资了上千万却不了了之的项目，是再正常不过的商业迭代现象。

一个早就达成的共识是，实景演出行业发展至今，已经成为一个体量极其庞大的存在，那些成功的实景演出，不仅持续十几年为地方旅游业提供丰厚的经济利润，更由于其强大的流量效应，在立身之后成为一张举足轻重的文旅名片。

而梅帅元也一次次地为那些因各种原因沦为牺牲品的项目进行客观层面上的辩护。显而易见的是，一方面实景演出集中呈现着一个地区的文化风貌，另一方面接受着地方政府相当强的支持力量，无论成功或失败都引人注目。“你说我们的咖啡厅倒了多少，餐厅今天明天之间死了多少，但没有人关注，好像死亡就变成特别隐秘的正常了。”

在梅帅元看来，那些没有成功的实景演出翻盘机会很大。设备在，土地在，自然和山水更是永世的。“它不像电影走院线，票房不行就直接下去了。做实景演出，你拿了块地做不好，再来过就可以了，现在游客数不够，再等两年就好了。”经常与他交谈的人很容易有一种体验，这位几乎以一年两到三部的速度开发新项目的实景演出创始人，偏爱在短句的末尾使用“了”的表达，果断、轻松的句式里，似乎一切都已然朝正确的方向走去。这种理性而积极的态度，极大地影响着他的行事作风。

敬畏

多数时候，已过壮年的梅帅元，在行动力上远远胜于常人。外出办事或者洽谈业务，他往往拖着个箱子就走了。

经常遇见的情形是，他一下飞机，早早恭候在航站楼负责接待的年轻人小心翼翼地确认：“您就一个人吗？”圈内的朋友也经常开玩笑地对他说：“梅总要耍大牌啊。”但他自认办不来那套。没有助理，无需转达，他直来直去，把周身的一切看得很淡。那些动辄千万乃至上亿的项目，基本都是在路边的小咖啡厅，或者是书房、客厅，甚至于在步行的途中敲定的。

60岁以后，梅帅元甚至开始着迷于量子力学。“你看那个不断膨胀的宇宙，你连边际都不知道在哪里，你也不知道到底有多少个平行空间，会有多少种可能，你经常考虑这些，你就会觉得什么都不值一提，开不开房车，搞不搞派头这种事情，太好笑了。”

爱好文学的梅帅元，对于人面临自然时在哲学意义上的渺小位置和被动性从未产生过怀疑。“人的力量太微弱了，你对人生的那些得意，根本不是什么有用的谈资。”悲观一点看，梅帅元甚至觉得，生活的轨迹在故事一开始就已经设定，几十年的时间里，人只管把它走一遍，好的和坏的，骄傲的和羞愧的，都将如期而至。

面对山水也是一样。

前阵子，梅帅元去视察改版后的《桃花源记》。由于飞机晚点，这个被称作“全国首个真正意义上的全程、全流域‘河流剧场’”的大型实景演出史无前例地为他重新上演一遍。4.5公里的河流，90分钟，梅帅元一个人一条船走了一遍。两岸的几百位演员，上千盏灯光更替轮换，反而让他的脑海中产生了一种风景和时间的扭曲感，“在一条道上走，像阅兵，两边的人一直过，你会感觉他们一会儿是真实的，一会儿又很遥远”。尽管在某种意味上已然置身于完全可控的、自我的疆界当中，梅帅元仍然能感受到来自自然的强烈的约束。

河道就在那里，船走过去，像什么都定好了，此山、此水、此人，聚首又告别。

在自然的穹顶下，梅帅元显得很坦然，他从未想过与其抗衡。“山水是上帝的剧场，你有黑科技，有各种各样的东西都行，但不管你做什么能动的改造，你永远是客，你得依托于它，没了它你什么都不是。”

相对于《印象·刘三姐》之后分出的不同类型的创作人马，张艺谋带领的团队明显更偏爱宏大叙事。色彩和造型上的激烈喷涌、上天入地的机械布陈，以及用人和方阵营造出来的庞大规模，从来都是张艺谋数种创作体系中最易外化的表达手段。对此，梅帅元并不完全否定。十几年前的合作，他很大程度上也正是看中了张艺谋强大的视觉构造能力。

那段长期相处的日子里，他不止一次地为张艺谋无边的想象单元所震撼。“如果当初做《印象·刘三姐》的时候更有钱一点，他的想法里还有一艘特大潜艇，能扔在水里呼来唤去的那种。”

梅帅元的眼里，在山水之间徘徊的那些演员，核心任务并非是构筑视觉表现力，而是寻求人与人的共同情感。“你不要忘了，你不是演给老天爷看的，你不是要和上天比试，你面对的是和你同样的一群人，普通人，人会因为什么哭，因为什么笑，你要想的是这个，我们做好了这一半，剩下的一半给自然。”

走到今天，两者各自带领的团队分化出了中国山水实景演出的两个主要方向。岔路别离之后，张艺谋继续推进视觉为王的创作策略，梅帅元转而探索更为扎实的内容生产，他着力于建设编剧队伍，打造以故事为核心卖点，以山水为外化呈现的演出模式。这也印证了梅帅元多次强调的那个观点：“山水实景演出不能完全突出人，得让人在山水中的位置平衡在一个微妙的尺度里，要和谐共融。”

《印象·刘三姐》早期剧场设计图

山野的手掌

2018年，梅帅元的父亲去世了。维持多年的稳态渐次被打破。告别前的那段日子里，他放下了手头的很多事，生活简单得仅用一次次的医院探视和陪伴就能够被勾连。对于梅帅元而言，父亲象征着某种光环，连同故乡的原力环照他自童年以来的每一步。

在梅帅元1989年刊于《山东文学》的短篇小说《银孩子》中，他曾经仔细描绘过一个场面："群山被劈开来，裸露于青天之下，坡面阡陌纵横，窝棚林立，一条墨色河流从谷底穿过，河流里站满做银沙的人。"尽管并非是完全写实的小说，但这样的场面描述，却是他童年记忆里最真实的、由环境组成的一部分。

那是中国西南地区最大的矿山，云贵高原边缘的台地上，海拔一千多米。即便是在几十年后他回想起来，脑海中出现的形容词仍然是荒凉、神秘。在梅帅元的眼里，这是一个同莫言口中的东北土地一样充满着魔幻现实色彩的地域。"灰山白雾，总是有雾，看不见什么，地下有很多有色金属。"

彼时，他的父亲在广西南丹大厂矿务局工作，而他终日与小说中所铺陈的银沙、青山、墨色河流等意象为伴。于是，梅帅元眼中对于这个世界最初的印象，就是满目的银灰色。

父亲从学习矿业专业，到身赴矿山，是跟随、投入了上世纪50年代的最大社会洪流，响应国家号召，支援边疆建设。那个时代，无数红热而纯洁的年轻人，唱着大歌迈着大步，头也不回地扎进一块又一块广袤、原始而荒蛮的土地。紧随其后的，是艰苦而颠沛的生活。梅帅元记得，在选择考入中南矿业学院以前，父亲有一个截然不同的方向：武汉大学音乐系。在童年的另一部分记忆里，梅帅元发现自己的父亲不仅是一名专业的采矿工程师，还写得一手好字，也是为数不多有娴熟琴技的人。一定程度上，梅帅元认为自己继承了父辈血液中与艺术相关的天分。

他也不甘永远游荡在群山中。转机的到来，和许多与梅帅元处于同一代际的艺术家所遇到的事件高度相似：剧团招生。1970年的秋天，梅帅元初中一年级，广西壮族自治区文工团招生队来到南丹县招考演员。这是最直接的、改变人生的办法。“当时你只要考上剧团，中学毕业之后就不用上山下乡当知青。”

而好事多磨的定律几乎适用于每一个故事。第一次招考，梅帅元甚至没有入围。老师们到班上转了几圈，根本没有挑上这个当时个子矮小的男孩。

梅帅元不服。回到家，这个年轻的男孩儿不无赌气地对父亲说：“我觉得被挑上的几个也不怎么样嘛。”到这里，戏剧性的一幕终于出现：父亲一拍脑门带着他直接去了招待所找老师，这次得到了肯定的答复——原因不是老师对梅帅元改变了主意，而是看上了父亲将近一米八的身高和那张英俊的脸。“他们看着我爸的条件，觉得我将来也不会差，还能再长高。”事实上，虽然当时的梅帅元个子小，模仿能力却很强，样板戏的某一个片段，不需要有人教，他看上几遍就能活灵活现地模仿出来。

考上了，要离开了。告别之时，缅怀之日。

如今回头审视那段在大山里的日子，梅帅元记不清具体的日子和时间，而出于文学工作者的敏感，他总是能很感性地描摹出许多画面，许多已经陷落在岁月深处的画面。每逢持续性思考，他都几乎能在两三个小时里抽完一整包烟。呼吸的间隙，烟雾交替，思绪被拉远，荡漾着，似乎成了昨日重现的某种阵地。

1970年，那个当年十一二岁孩子乡愁的起点，是一辆有气无力的公交车，在暗沉而静谧的冬日五点出发，从山体底部的盘山路一点一点地绕上去，在循环往复的环绕中，星斗旋移，天空终于被清晨的灰亮色刷尽，车也挪到了山顶。梅帅元低头俯瞰那些矮小的房屋，变成了密密麻麻的杂点；因为污染而发黑的河水，化成了一道曲折的墨线。那是他之前从未见过的家园。许多年过去了，梅帅元依然会不止一次地想起那个第一次在山顶迎来的清晨。“那时候心态比较敏感，对家乡是有依恋的，但又对外面的世界实在好奇。”

三年线性而艰苦的剧团生活过后，梅帅元被分配到了壮剧团。记忆力强、弹跳力好的他原以为自己会成为一个努力、踏实的武打演员，也许还能在广西的圈子里混出点名气。当时的他不光业务能力过硬，文化课成绩也永远是全班第一。他憧憬着一步步向上的生活。

但现实是，到了壮剧团，他有大半年的时间又回到了山里。“要去广西边远山区演出，广泛的壮族地区、革命大河池，最后最远的地方到了三江口。”

是巡演，也是流浪。这段被现在的他称作是“真正生活的开始”的日子，几乎是自然带给他的最好馈赠。天朗气清的日子里，他坐在颠簸的大卡车里，站在人群围出来的舞台上，兜兜转转于中国景色最为壮丽的地区之间。

那个许多年后横生的不可思议的想法，在终日游荡于八桂大地上的少年心中悄然种下了种子。而巧合般的是，精神世界的构筑也在同一时刻开工。当时他所在的剧团有一个大仓库，里面堆满了花花绿绿的书。时值“文革”期间，这些被堆积和封存起来的书，包括《牡丹亭》在内，都是被禁止阅读的。而在壮剧团，梅帅元如入无人之境。表面锁起来的仓库，实际上只是被一块薄薄的木板隔断，后来甚至烂了一部分，一拉就开。梅帅元推门而入，取完几本书以后就把木板再合上，从来没有被发现。

一本本翻开的书，在梅帅元的眼里是一处处新世界。那个时候，梅帅元如饥似渴地读着古典文学，唐诗宋词一类的特别多，还有各种戏曲剧本，包括元杂技一类的。

有了书籍之后，之于梅帅元来说，最幸福的时刻就是下乡演出的间隙里，他在幕后换灯片时偷偷揣上一本书翻看，照明的灯具是钨丝灯，就着灯屁股散发出来的暖热气儿和微弱灯光，梅帅元看完了一本又一本书。

在这种山水环绕的环境里，创作的土壤是绝佳的。18岁，梅帅元写出了剧本《红铜鼓传奇》。作家这顶帽子，他终于戴到了自己的头上。

顺流

1985年，为创作寻求灵感，也为充分进行地域文学考察的梅帅元自掏腰包买了一匹矮马，从云南红水河的源头出发，一路沿着红水走来，直到珠江口。这期间碰上人口普查，游走于各个少数民族地区的他，在几个月的时间里被记了十几次名字。伴随着的，是河畔边孩童的笑声、层层叠叠的梯田、埋头啃草的水牛。这些意象，全部幻化为具有真实触感的素材，印入了梅帅元的脑海之中。到达珠江口以后，他将马转手卖掉，还轻松地小赚了一笔钱。“当时大家都很尊敬作家，所以不光是这几个月，基本上那些年每一次出行都是一切顺利，很惬意，你到哪里都能联系作协和文化馆，再偏的地方都能给你安排上人陪同采风。”

这次策马徐行，梅帅元的身份已经不再是剧团半路出家的编剧。十八九岁开始大量发表作品之后，他从《广西文学》一直征战到《萌芽》，题材涵括了短篇小说、剧本、诗歌。他甚至去了北京，在中国戏曲学院跟随着谭霈生、祝肇年等大家系统学习了一年的中西方戏剧鉴赏课程。

20世纪80年代，像梅帅元一样四处采风的作家随处可见。

那个笔墨激情全面解放的年代里，20世纪下半叶的中国大陆文学终于在平庸中跟随着理想主义风貌集体上扬的国人们，呈现出了跨维度的觉醒状态，而后成为20世纪90年代至今仍无法被超越的存在。一个个在“文革”十年中被长期压抑的、躲在暗处悄悄翻阅《牡丹亭》的“梅帅元们”，迎来了井喷——文学初恋与理想情结，在全新的十年间开花结果。

上马前，梅帅元与杨克在《广西文学》发表了被誉为“寻根宣言”的文章《百越境界——花山文化与我们的创作》，在之后的几个月里引起了文学界的一片震荡。这是有史可查的、最早提出“寻根”的一篇文章。作为中国“寻根”文学思潮的先声，梅帅元与杨克比韩少功《文学的“根”》早了一个月。然而，由于广西文学所处的边缘地位，梅帅元的呼喊并未引起主流文坛的高度关注，直到四面八方的声音到来，支流的水才汇聚成了一条大河。同一时间，梅帅元已经行于红水河沿岸，探寻那些隐秘而饱含巨量宝藏的文化线索，寻找边缘的中心。

他成功了。三个月的考察结束以后，梅帅元创作了小说《红水河》，发表于《人民文学》，之后改编成的舞台剧《羽人梦》一举拿下了国家级的奖项。叩开主流的大门以后，几十年间，他的才华一次又一次被各种奖项肯定：中宣部“五个一工程”奖、文化部文华大奖、曹禺戏剧文学奖，以及数不清的地方奖项。

继续乘着20世纪80年代锐意进取的风，珞珈山传来了平等、自由、民主、开放的歌声，在武汉大学校长刘道玉高歌猛进式的教育制度改革下，学分制、主辅修制、转学制、插班生制、导师制应运而生，武汉大学史无前例地开设了作家班，一时间成为全国适龄文学青年的向往之地。

在众多的竞争者中，梅帅元通过考试顺利进入了第二期作家班就读。环顾四周，无不是迄今为止于中国文坛都赫赫有名的人物，池莉、蒋子龙、方方等人先后从作家班走出，继而大放异彩。

彼时，刚刚硕士毕业的易中天留校任教，成为梅帅元的老师，主教中西比较美学。这段缘分就此落地生根，多年以后，他成为自己学生梅帅元的合伙人，作为哲学顾问与谭盾、释永信、黄豆豆等共同创作了实景演出《禅宗少林·音乐大典》。

生活在武大的日子，梅帅元不光去中文系学习，也修完了哲学系、历史系的相关课程。1986年，他行走在珞珈山的任何一处地方，敲开任何一扇教室门，都不会得到拒绝的回应：课程可以随意选修，学生在操场谈恋爱，跳交谊舞，穿最时髦的大喇叭裤，参加四百多个可供选择的社团——追求自由，是当年武汉大学最突出的特点。

终点在1988年，刘道玉在毫无准备的情况下突然被免职，一切戛然而止。后来，那场不言自明的运动草率收尾，成为黄金时代最后拉上的

《禅宗少林·音乐大典》主创人员（从左至右：陈尔盖、易中天、大卫·夏柏、谭盾、释永信、易立明、梅帅元、曾力、黄豆豆）

一块沉重幕布，作家班也成为短暂几年里的一抹辉光。

1989年，梅帅元毕业后回到广西壮剧团，成为一名职业编剧。

正如来临时的迫不及待，退场的钟声也突如其来。自此，过往与今后泾渭分明。高举“市场化”旗帜走来的20世纪90年代，携带着“要前途还是要真理”的强烈叩问，毫无征兆地步入人们的生活。

乘浪

结婚生女以后，早已过而立之年的梅帅元渐渐失去了对纯文学的信誓旦旦，倦怠伴随着严肃文学的严冬朝他涌来。刘索拉在中国当代小说的开山之作中提到的那句话——“你别无选择”一语中的。巨大的失意中，有人在原地徘徊、有人选择隐遁、有人下海经商。

1992年邓小平南方谈话以后，10万党政干部挂职下海，梅帅元也开始吞咽现实的面包，尝试把艺术变成财富。他与人合伙，开了一家广告公司，赋名“新形象”，拍摄了人生当中第一条电视广告。收费八千，成本一万——把面包还吐出去了点。

和那些终能捞到第一桶金的人们一样，梅帅元没有退缩。摸着石头过河，他凭借扎实的故事构造能力，做出了越来越像样的广告策划案和脚本，也对预算及成本控制愈发驾轻就熟。作为为数不多的实力团队，许多客户对着成片看得一愣一愣的，梅帅元的广告也就越接越多。高频的时候，一天能接三五条，从早到晚都能听见钱入账的声音。

这是他第一次尝到市场的甜头，在多数人还视市场为凶险之地时，梅帅元已经懂得如何利用市场，嫁接更为广阔的资源，获得更加丰厚的回报。

不久后，在平均月工资只有百来块钱的年代里，他走财政局一个朋友的指标，花二十万买了一辆进口车。说起这段往事，在物质上总是表现出虚无的梅帅元脸上终于挂了点得意的笑：“他们拿着指标没钱买，我就拿过来了，一辆白色的车，我那时候停在剧团门口，挺吓人的。”

一边在剧团写剧本一边做广告公司赚钱的日子度过了一阵之后，新的文化厅长走马上任，找到了梅帅元，开门见山地表达了他希望梅帅元能够担任壮剧团团长的想法。这位厅长是一个颇有市场眼光的角色，来请梅帅元当团长，正是希望梅帅元可以通过灵活的手段使剧团在各个方面重新升温。另一方面，梅帅元也持续地为剧团做出剧本上的贡献，几年的时间里拿遍了区域性奖项，形成了绝对地位。于是，几乎没有准备的梅帅元摇身一变成为了正处级领导，一位不到四十岁的年轻的领导。

结果是，梅帅元上任后的一年内，壮剧团的经济一跃成为广西文化大院八个剧团当中最好的一个。有了钱以后就是再生产，接下来的一切就更加顺理成章：优质作品诞生、参选、获奖。当年的文华大奖，将名额给了梅帅元创作的剧目《歌王》，创造了广西的历史第一。

就这样，一个在他眼里“土不拉几”的剧团一步步迈向更高的地方。梅帅元甚至还顺带解决了老人的退休问题与新人的指标问题。血液更换之后，一帮年轻的演员为剧团树立了全新的面貌。

1997年《歌王》获奖之后，梅帅元带着演员们到广西各处巡演，在真正零补贴的状态下，演出剧目的简版，一演就是数百场。对于经济与市场语汇和路数越来越胸有成竹的梅帅元，开始意识到剧目也可以萌生商业属性。

逢山水

在多数人的眼里，梅帅元山水狂想的第一个章节似乎就是从桂林，从阳朔，从漓江的山水剧场开始的。这个版本的故事中，一个地方戏曲的武生演员，一个偏远地区的清贫作家，一个47岁的脑子里有点东西的男人，某一天突然想到了一个好点子，进而在年近半百的人生节点上一跃成为身价数亿的中国山水实景演出第一人。

而连梅帅元都觉得不可思议的是，山水实景演出构想的直接产生，是在兰州的一片沙漠里。

那段时间，他带领壮剧团到兰州参与一个剧展，任务完成后，他带着那帮年轻演员租了个车，从兰州到敦煌，从敦煌到青海湖，他们在西北畅游了一个礼拜。

行进途中，梅帅元在摇摇晃晃的车里坐着，看窗外那些移步换景的壮阔画面，突然想："为什么人的演出一定要在指定场所呢，为什么不能有一种从剧场里解脱出来的演出类型呢?"

彼时，他刚从美国回来，感受了世界上商业气息最为强烈的百老汇，一口气观看了《西贡小姐》《猫》《美女与野兽》等享誉全球的音乐剧，为美国完整而庞大的文化产业链而感到无比惊讶。他迫切地想要探寻一种有中国传统特色的新型演出形式，却苦于没有思路，现实条件也无比艰难。但如同当初不服气老师选择的小男孩儿一样，这个年近半百的团长，实在不明白为何《猫》可以在世界150个城市进行巡演，累计出了6000多万观众，但中国却没有这样的、可以与之对标的演出？

梅帅元没有放过沙漠偶然飘起的一串奇思妙想。新世纪的钟声敲响之际，他将沙漠的舞台代换到更为熟悉的桂林山水中去，一点点地开始探究其可行性。

当“刘三姐”这一名字和“桂林山水”捆绑在一起的时候，梅帅元心里就有谱了。广西得天独厚的两大品牌，在长期的理论实践中一直处于平行或分离的状态，从未有人让她们彼此交叉、融合过。什么时候桂林山水和刘三姐能够比翼双飞，什么时候就创造了闪耀光芒的奇迹。梅帅元最终的答案是，把最好的演出放到最美的山水之间完成，使之形成交相辉映的境界。带着这个几乎不具备实际意义的答案，梅帅元拉着一个助理，到桂林租了房子，动工。

经历了一阵周折之后，梅帅元通过时任广西文化厅艺术处副处长的马红英联系上了当时如日中天的张艺谋。在一个原本是阎维文与张艺谋谈音乐MTV的饭局上，梅帅元低头猛扒了一顿后，甩出了“山水实景演出”的蓝图。

张艺谋心动了。原生态大自然的舞台背景，确实是一个近似横空出世的概念。而梅帅元心中最为笃定的一点是，不管此前他对多少人说过这个奇思妙想而被形容为“痴人说梦”，张艺谋的世界观里，艺术的殿堂绝不会出现“不可能”三个字。

饭局结束了，故事开始了。

此次见面以后，梅帅元一直与张艺谋保持联系，反复沟通之下，一次悄然的造访被安排在了1999年春节前。没有当地政府接待、没有媒体报道，张艺谋带着人数不多的小团队与梅帅元一同上了勘景的船。

船开动的那一刻，梅帅元有一个强烈的预感，序幕要拉开了。

果然，经过江水的一番蜿蜒，张艺谋紧锁的眉头渐渐舒展开。最好看的景色被安排在了压轴之时，那是一个被两条河流包围的无名小岛，与十二座山峰遥遥相对。一回回的前期勘察时，梅帅元想象过无数次张艺谋的反应。

现实与他的想象基本吻合。张艺谋习惯性地举起双手卡成取景框，像摄影机一样运动起来，一会儿瞄准东边，一会儿瞄准西边，满脸写满了兴奋。

此次勘景结束后，梅帅元趁热打铁，不久就筹款20万打了过去。这个诚意，对于那时候的他来说，几乎是所有可以动用的资金，他期待着有这20万，前期工作可以顺利开展。

然而，这说来就来的项目，像是一头扎进水里之后泛起的涟漪，一圈又一圈地荡开，不知边际。从始至终，梅帅元只抱着一个要求："一定要让《刘三姐》做出来。"而这个底线，换来的是5年和109个版本的稿子。

5和109，不仅仅意味着艺术创作上筚路蓝缕的历程，也更意味着一把又一把烧掉的钱。20万的资金很快耗尽，困难接踵而来。光是投资人就换了一个又一个，前前后后拜访的"老板"们能装满一卡车，可往左走掉坑里，往右走还是掉坑里。梅帅元鉴别"有钱人"的标准也几经更替，从穿着打扮，谈吐气质，到住所和作家，梅帅元一次次地迎接希望，吞下失望。

梅帅元与张艺谋一同勘景

而媒体的放大镜也时时刻刻摆在项目的脑袋上。捆绑着张艺谋，不管战线铺得多长，关注的眼光从来不会缺席。"山水实景演出项目"从当初的轰轰烈烈，紧锣密鼓，一年又一年的"打磨"中，颇有扑朔迷离之意，甚至有新闻打出了"骗局""空谈"的标题。十字路口悄然到来。但梅帅元相信自己是长跑型选手。从小练功翻跟斗，一路而来最不怕的两个字就是消耗。捱过极限期，必将柳暗花明。

新的段落出现在梅帅元与覃济清相遇的时刻。后者是广西维尼纶集团的党委书记，广西一家国有特大型化工企业的掌门人。这样与演出甚至文化产品八竿子打不着的企业，之所以能和梅帅元对上眼，也是某种注定。新世纪以后，中国加入WTO，市场经济的大形势，迫使许多国有企业不得不考虑鸡蛋到底要不要装在一个篮子里的问题，覃济清是陷在这番焦虑里的一个，天天想着如何扩大投资领域，居安思危。两个焦虑的人，负负得正。一个小时的畅聊以后，梅帅元有了一种和当初站在漓江勘景船头一样的感觉："这事儿要成了。"果不其然，双方共同组建的桂林广为文华旅游文化产业有限公司成为此次相会的最大果实，不到一个月后，3000万资金到账。

有这笔巨款，创作那边再折磨人的事情也算不上事情，梅帅元终于身披铠甲，开始了过五关斩六将，终于走到了《印象·刘三姐》面世的那一天。一万多名游客涌向1880个座位，急哭了已经预先收了钱的导游们——此前，从没有一场演出因座位不够而大规模退票。公司管理层召开会议，将观众席由1880增加到2200，又从2200增加到3400，最终不得不决定每天连演两场。

此后的不计其数的掌声和鲜花，似乎反而成了这段旅程里最不值得一提，却又无比完美的句号。然后，是至今仍在不断刷新的、累计接待突破两千万人次的数字奇迹。

向前

2018年，梅帅元入选"100位改革开放文化产业领军人物"。领奖时，梅帅元看着上面那些许多已然辞世的人名与自己并列，那种不可思议的感觉又抑制不了地跳出来："我看见谢晋，看见金庸，这让我感觉上了那个榜，是不是也差不多到头了，要画框了。"想到这一点的梅帅元，自己也笑了。

他自认状态没有变，多年如一日。只是渐渐地，梅帅元的日记里不再有那么多难忘的事情，"平常心"成了他处世的关键语汇，他正变得越来越纯粹：脚踏在自然的宇宙，寻找更多山水的可能。

在他的世界里，步履不停总是日常的核心行动。如果有人建议梅帅元休息，给自己空出假期时间进行适当的放松时，他势必会反问："我工作去的每一个地方，哪个不是中国最美、最让人放松、最好玩的地方?"

今天去张家界，明天去合肥，后天去黄山。站在不同的山水间，梅帅元的奇思妙想，便能永远保有火候。

司鼓者的思辨人生

宋官林　中国东方演艺集团有限公司原党委书记、董事长

过去几年，宋官林使出浑身解数推动着一座山峰，一座突然横亘在他面前的山峰，一座在漫长的时光里一度变得复杂难辨的山峰。

而即便是现在，打开搜索引擎输入“宋官林”三个字，浮于前页的不少文章，字里行间仍执着于描述这个人是如何在那位激情四射的歌唱家戴上铁铐黯然下场之时，带领中国最负盛名的国家团拨云见日的。他的名字，如同某种恩公亦或是救世主般的身份，像相对转动的铰链一样牢牢与中国东方演艺集团咬合在一起。

在此之前，56岁的宋官林几乎已经打算把中国对外文化集团作为自己事业的彼岸。最后一站了，他能明显地感觉到身体发生的一些变化，他尝试着将身心舒缓，准备好逐步告别年富力强的人生阶段。从顶点往下走，要重新寻找事业与自己和生活、家庭的平衡。

来迟的浪

2014年，为了配合习近平主席访问蒙古国，中国对外文化集团承接了敦煌文化艺术展在乌兰巴托的展出工作。作为展览团的团长，宋官林先行抵达。

离乌兰巴托还有一百公里，驻蒙古使馆给他配了一辆车。

驶过海拔两千多米的高原地形， 夏季的风穿过稀疏孤立的歪树和大片高山草甸扑过来，还能闻到一丝的青草气息，偶尔也有牛粪味儿闯入。这是他六岁以前生活的地方。

故地重游，当年那个由面包、黄油喂大的孩子已经变老。

到了一定年龄时，答案就不在人生后面的路上了。“我到了以前住的那块地方，给我哥哥姐姐打电话问具体位置。”最终，这个家里年龄排行第五的孩子宿命般地站在了车站对面的旧餐厅前——那是母亲曾经工作过的地方。当年，作为帮助蒙古国进行基础设施建设的一批人才队伍，父辈们举家搬迁到这里。

1959年，国内步入三年经济困难时期，一场由于“大跃进”运动以及牺牲农业发展工业的政策所导致的全国性的粮食和副食品短缺危机，宋官林没有体验到。出生在异乡，他是家里最小的孩子，吃得饱穿得暖。

经由当地人的帮助，宋官林甚至找到了当年出生的医院和住过的房屋。“我的蒙古司机跟我说，如果是蒙古人到故乡寻根，是要在出生的地方打个滚儿的。”他清楚地记得，在住宅的另一侧曾经毗邻着医院，“这儿就得是我要打滚儿的地方。”宋官林在风中比画着。那些生命最初的记忆一点一点被拾取回来，只是在现实的时空序列中荡然无存，取而代之的是无边的荒野。如今放眼望去，只见大片草甸和几块裸露的岩石，目光可以越飘越远，直到再没有什么可抓取的土地边际。

造访旧地，宋官林发现心中的一些问题得到开解。一方面，他不断地回头看，重视自己走过的路，像所有突觉人生的中年阶段并非随着事业无限延长的人那样，他感知到了缓冲和沉淀的重要性；另一方面，处在中国对外文化集团的核心位置，往返奔赴于不同国家，在文化前线阵地作交流和互访，被他视作对于自己视野的有力提升，“三年的时间，站高了，看远了”。

此间，他还促成了著名京剧程派表演艺术家张火丁赴美国林肯中心的演出项目，这个行程在《纽约时报》占下了大片版面。工作节奏变慢的日子里，处理什么问题都得心应手，把这里当成事业最后的落脚点，“是个挺好的选择”。

直到他突然成为“文艺反腐第一刀”风波过后那个打扫一地鸡毛的人。

2015年7月7日下午，宋官林接到调任电话。文化部领导给的理由是：

“你有驾驭复杂问题的能力，有很强的党性意识。”他的工作神经又在一夜间满弓。

外界看来，宋官林的人生格局也似乎戏剧性地被“临危受命掌舵中国东方演艺集团”这个节点性事件劈成两半。那场变局，成了一道横空出世的巨浪，席卷、入主、统摄了宋官林的生活。

“我下班的路上顺道买几个水果回家的惬意一下没了。”紧接着，原意欲与壮年期告别的他在最后几年的职业生涯里猛地冲上云霄，无数的不可测扑面而来。

电话挂断后的两天之内，文化部部长雒树刚亲自带着宋官林进入中国东方演艺集团大院。

一个小时前，前任董事长顾欣，上任之初表示“要用3年的时间让东方成为中国第一的演艺企业，5年成为中国最好的文化企业，10年成为中国最好的企业”的男高音歌唱家，在距离放下指挥棒从容抽身的日子仅剩半年的时候，从办公室被突然拷走，随着两辆黑色轿车、一辆押送车消失在人们的视野中。不到45分钟，消息就从中纪委网站传来：顾欣因涉嫌严重违纪违法，接受调查。但尘埃并没有就此落定。

此前，这位“享受在舞台上的感觉，偏爱指挥交响乐”的艺术家，用五年的时间强力推行各项新制度，却在东方制造了4亿余元的亏损。事发后，有媒体对顾欣的改革之路进行了复盘。可以明确的是，除了上任第一年的一些宏大数据之外，往后几年的时间里，东方再没有任何拿得出手的业绩。

在此过程中，反对的声音从未停止过，但无济于事。2010年至2014年的五年时间里，财政部共计向中国东方演艺集团划拨了文化产业发展专项资金逾4亿，可没有一个项目正正经经地做成过，伴随着的却是陈俊华、陈维亚、牟玄甫等艺术家的悉数退场。

2013年，中国东方演艺集团进一步实施“全员卧倒”的改革，即所有人重新竞聘上岗。中国原三大男高音之一的刘维维，在放下“如果不是因为他把我们当赚钱的工具，怎么会离开东方”一句话之后头也不回地走了。铁腕式的推进下，竞聘和考核轮番上阵，与顾欣意见相左的人被悉数排挤开，曾在北京奥运会开幕式《丝路》中表演飞天独舞的女演员殷硕也在考核之后被晾在了人才中心。更惨烈的情况是，有些一线演员甚至去大院传达室当起了看门人，行政人员人数暴增，六层楼也装不下，高峰时期，一个办公室有近二十个秘书。

推动那座山峰

这些乱象，并没有随着顾欣落马而消失。剧烈的震荡，反使原本便浑浊不堪的池水变成了一潭泥沼。

上任东方以后，宋官林发现问题远比想象中的复杂。气氛压抑，全团上下没有笑声，人人自危。这个承载几代人精神记忆的国家文化象征，奄奄一息。

在宋官林的记忆中，这原本是一个充满了光荣与梦想的地方。“放眼中国，问一问有点年岁的人，都知道东方。”

1983年，中央电视台第一届春节联欢晚会的舞台上，来自东方歌舞团的索宝莉、牟玄甫演唱了黄梅戏《夫妻双双把家还》和歌曲《竹林沙沙响》。一时间，六百平方米不到的演播厅沸腾了。现场热烈的气氛包裹着歌声，透过电视传遍了千家万户。不久以后，当晚登台献唱的两位歌手红遍大江南北。“他们来自东方歌舞团”，成为当时民众对两个人身份最有分量的概括。

崔健回忆，东方歌舞团是中国摇滚乐跃上历史舞台的重要助推者。1986年，为纪念国际和平年，108位歌手站在北京工人体育馆的舞台上，高举“共同努力，捍卫和平，保障人类未来”的旗帜同声高唱公益歌曲《让世界充满爱》。在这场演唱会中，他背着把电吉他，穿着长褂，裤脚一高一低，大声唱出了《一无所有》。当天，作为活动策划方的东方歌舞团经受住了愤然离席的领导“牛鬼蛇神都上台了”的评价，中国摇滚乐第一次经由官方途径发出第一声，开启了自己的纪元。

时过境迁。三十年后的春天，崔健重回工体的麦克风前，再次站在了聚光灯下。提及往事，他在采访中仍对当年东方歌舞团的帮助念念不忘。“我把他们放进了我的电影里。”

而另一边，根植于崔健记忆里的东方歌舞团，在随后几十年的时间里，先是经历了与中国歌舞团的合并，随后又成为国内首个转企改制的大型演艺类文化央企——中国东方演艺集团。

彼时，那个首先支持崔健活动的主要负责人、东方歌舞团的开创者和领导者、著名女高音歌唱家王昆，在临终前仍忧心忡忡地上书中央，不无痛心地指出东方的腐败问题。

炮响枪鸣以后，文化部部长雒树刚给宋官林提了三点要求：以艺术创作为中心，以艺术人才培养为基础，以重振中国东方辉煌为目标。这与宋官林的想法不谋而合，人，是一切希望的源头。

但希望的源头却几乎流失殆尽：原有154人的舞蹈演员团队，只剩下27人。这仅仅是整个人才流失症候的其中一个体现。多年的工作经验告

位于北京市朝阳区的中国东方演艺集团

诉宋官林，把人找回来，是这个庞大棋局的第一步。

从愤然离去的导演何利山，到被迫开擦鞋店养家糊口的歌唱家崔京浩，再到“连告别舞台的机会都没有”的舞蹈家腾宇，宋官林把一个又一个沮丧的影子重新拉回了熟悉的地方。破碎的瓦片重上屋檐。

他仍然记得，自己上任后的第一次出差，就是去东北找崔京浩。2015年，已经连续几年没有演出和收入的崔京浩在家乡延边亲朋的资助下，在世纪剧院挥泪举行了一台告别演出。那场演出的节目单最后有赞助鸣谢，全是家乡父老你一万我两千的爱心名单。当时，他正在延边筹办自己的告别演唱会。“回来吧，把鞋店关掉，重返舞台，东方给你主办音乐会。”

堡垒在一点点地构建。

上任一百天，宋官林提出了通过几番调研论证的“三步走”发展战略：第一，求稳定谋生存；第二，求生存谋发展；第三，求发展谱新篇。

加紧剧目创作的速度，是宋官林认为能在短期内让东方的血液重新流动起来的有效办法。2015年，东方推出的头两个作品，名字分别叫《东方之声》和《东方之爱》。“《东方之声》，是重新出发的集结号；《东方之爱》，重新唤起观众们对东方歌舞团的浓浓的爱心。”同时，宋官林也开始尝试在理论和战略层面寻回当初东方的精气神。“1952年组建的中央歌舞团，1962年组建的东方歌舞团，新的历史时期组建的中国轻音乐团，三大艺术源流汇总成中

《东方之声》和《东方之爱》剧照

舞剧《兰花花》剧照

国东方演艺集团，这个底蕴是博大精深的。”

令人喜悦的转折点出现在舞剧《兰花花》之后。2016年，在国家艺术基金的资助下，中国东方演艺集团与陕西省文化厅和延安市志丹县合作，推出了建团以来首部舞剧《兰花花》。至此，从2016年1月1日开始，东方的新作品陆续开始大面积全国巡演。“这次巡演一下子唤醒了大家，就像一个人沉睡了很长时间突然醒来，这种唤醒比在田径场上奔跑还令人激动。”宋官林心中终于有数了。

紧接着，灵魂和导向浇铸了起来。宋官林将中国东方演艺集团的艺术精神提炼成了具有指向性作用的一段话：对中外优秀文化的包容性，艺术表现的丰富性，与时俱进的时代性。

关于这段话，宋官林有三个理解层次。

第一，是对于中外文化的包容性。早在1962年成立之际，东方歌舞团就把“将中国传统民族民间歌舞艺术和表现现代中国人民生活的音乐舞蹈作品介绍给国内外观众，同时把外国健康优秀的歌舞艺术介绍给中国人民”作为“以我为主”建团方针的一部分。一如周恩来总理当初所说，“东方歌舞一枝花，决心学好亚非拉。”当年，成立的时候中国的外交版图主要集中于亚非拉国家。新时代的语境下，中国的外交版图覆盖全球，中国的眼光在哪里，艺术的包容性就在哪里。

第二，是艺术表现的丰富性。在这一点上，遵循的是各位艺术家在艺术基础上进行跨界融合。

第三，是与时俱进的时代性，即创新精神。

基于这三个理解层次，接下来的布局便有章可循。

他开始尝试着在全国范围内以大城市为根据地，逐步唤醒人们对东方歌舞团的记忆。在成熟的时机下，宋官林创立了中国东方艺术周，全国巡回，在一个城市以一周的时间为限演出3至4场，以期掀起中国东方艺术浪潮。为此，他设计了两句广告语——“中国东方艺术周，一座城市的节日”“城市，因中国东方而美丽”。

演出剧节目换台的间隔中，他还巧妙放置了工作坊、大师班一类的内容，供观众与主创团队交流互动。在他的眼里，这是一举两得的行动：一方面，演员得到了充分的休息，另一方面，观众与东方的黏合度更加紧密，艺术周的活动氛围也能保持热烈。“在一个城市演完以后唤醒、夯实了这个城市对东方文化的记忆。”这是一个宏大的考量。

完成国家使命，承担社会责任，也是宋官林心中一个国有文化企业必须有的坚守。这几年，东方走进了酒泉卫星发射基地，走进了南海舰队，走进了为共和国国防事业做出巨大贡献的沈飞、哈飞、西飞、成飞。前阵子又马不停蹄地奔赴西藏。通过演出，把党和祖国的关怀、问候传递给那些在边远地区坚守岗位的人们。

那次酒泉晚会演出后，歌舞团的艺术家们分成几个小队，到更为边缘的铁路沿给战士送温暖。在这过程中，他们遇到了一位巡逻战士。“90后，安徽人，每天十公里，独自一个人在铁路沿线上巡逻，已经六年了。”宋官林印象很深刻，当时几乎所有人都含泪演出。“大家围着他，给他一个人唱歌，跳舞。”

宋官林觉得，这样的时刻，恰恰是一个国家院团体现出自己使命的时刻。做到这一点的时候，宋官林同时也觉得，“东方是真真正正重新站住脚跟了”。

拨云见日，东方既白。但宋官林没有停下思考的脚步。有人给他的人格角色定位为“思辨者”，是因为他从来不站在一个角度看问题。从传统到新潮，从经典到流行，不论是艺术形式的演进还是传播媒介的更替，宋官林一概将他们纳入一个维度梳理。

前不久，他出席一个颁奖活动，其中一个奖项颁给了“名字都没听过的”舞蹈团，全场掌声雷动。出于职业的敏感性，宋官林对这一场面印象格外深刻。身边的一个领导侧身与他交谈：“就他们的水平，进你们东方的资格都不够。”进一步了解之后，宋官林得知这是一个在网络上知名度极高的舞蹈团体。他忽然意识到，网络时代的语境下，主力观演群体正在悄然发生着变化，生产者与消费者之间的关系也在产生着结构性转变，“酒香不怕巷子深”的道理，渐渐成为许多优质内容供应方将自己隔绝于世的罪魁祸首。

许多触动似乎都赶着趟来——一会儿之后的另一环节，他上场为一个“年度最火主播”颁奖。两人礼貌性握手，彼此感受到的是对方陌生的眼光。宋官林忍不住问：“你叫什么名字?”得到的答案是：冯提莫。宋官林反复在心里念叨着这个名字，一个因在斗鱼直播平台玩游戏的时候，为观众唱了几首歌，而开始了其网络主播的生涯的女孩。回到家，他问起女儿这件事情，女儿感到有些哭笑不得：“颁奖的人不认识获奖的人，获奖的人也不认识颁奖的人。”

此后，“让东方插上互联网的翅膀”，被他视作自己任期内东方一个最重要的转型任务。但质疑声很快跳上了台面，当他透露了自己想将演出与互联网乃至直播捆绑在一起的时候，周边朋友圈都觉得这是件特别“掉价”的事情。而更敏感的是，作为一个重量级的传统型国家院团，贸然搭上看似热热闹闹的网络大车，风险似乎大于尝试的必要。但宋官林很笃定，他甚至搬出了41年前那群小岗村村民的红手印来与反对的人辩论。在他的布局中，转战互联网的横流，分得信息时代的红利，无异于小岗村村民第一次摁下“包产到户”的生死契约那般意义重大。

最终，他又一次将所有的不可控背在了自己的肩膀上：“我要搞一次直播。”在新一代人的观念中，直播是一个稀松平常的语汇，但在多数老一辈文艺工作者眼里，是一个要打起十二分精神关注的话题：出错了怎么办？有意外情况如何处理？全国人民都看着呢！你是春晚吗！？

不破不立。宋官林找到中国演出行业协会会长朱克宁，立下了两个保证：第一，直播内容不会出现问题；第二，直播平台由中国演出行业协会选择。

很快，3月8日妇女节的时候，中国东方演艺集团举办了晚会《你是一条河，在我心中流过》。时值三月份演出淡季，观众的购买力几乎已经在春节档被掏空。彩排当天，宋官林邀请了抖音、酷狗、快手、六间房等一大批网络直播媒介到排练厅进行直播。令人欣喜的是，当天线上观看直播演出的人次达到了370万人。宋官林在计算完之后发现，按照传统演出方式，想达到370万人的观演量，东方必须连演20年。更好的消息是，线上带动线下，实体演出票也随之全部售空。宋官林也一点也不担心内容曝光的问题，因为他深知，不同于其他艺术形式，舞台艺术最大的魅力就在于现场的观演与互动性，直播，只是作为一种全新的嫁接手段出现。

宋官林为冯提莫颁发“年度最火主播”奖

年岁不断增长，宋官林却反而越来越多地将目光投向时代的新风尚和年轻人的生活。每一次谈论国有院团的发展宗旨，宋官林给出的答案一定是：守正创新。他从来不惧怕好东西因现代传播手段的批量复制性而趋于廉价，正是因为好东西具备被重复欣赏的美丽。和朋友聊到这一点的时候，宋官林特别乐意用施特劳斯家族举例子。“维也纳爱乐乐团永远都演奏施特劳斯家族的作品，《蓝色多瑙河》《拉德斯基进行曲》，观众也愿意一次一次地去听。”优质的舞台艺术作品，在宋官林的眼里，一定可以突破年龄的鸿沟，守正，不仅不意味着要给自己“画地为牢”，更是要有能够与年轻观众沟通的自信。

司鼓者

好作品，不论在什么时代，总有办法得到主流消费者的青睐，不要对年轻人的文化忧心忡忡，也不要为经典艺术的未来唉声叹气，这是宋官林长久以来的观念。早在数十年前，这个想法就已然成型。

彼时，他于国家京剧院任职。在武汉大学的一场讲座中，他问在座学生："四大名旦有谁知道?"他听到了席间的一个声音："梅艳芳!"随后全场爆发出一阵笑声。宋官林也笑了："你们年轻人，知道梅艳芳很正常。如果知道梅艳芳，还能想起梅兰芳就更好了。"

很多时候，宋官林能看到这样一种言论："京剧艺术要抢救年轻观众"。对此持赞同意见的人很多。宋官林则不这么认为。他觉得，用"抢救"这个词，太夸张了，有一种"很主观的、急不可耐的强行关怀"。更多时候，宋官林觉得培养年轻观众，大的形势还是应该遵循顺其自然的原则。"我觉得京剧艺术确实是适合中老年人欣赏的艺术，它内涵丰富，描绘了中国的历史，比较舒缓，一句能唱一两分钟。不要着急，人到了45岁以后就逐渐走进来了。"他认为，如果"中国的年轻人都走进梅兰芳大剧院看京剧，中国的老年人全上万事达中心听流行音乐，那这个状态才是真有问题了。"

在宋官林的眼里，给年轻人提供更多走进戏院看戏的机会，让他们建立起对戏曲的常识性认知，存留火种，是比较重要的事情。到了某个阶段了，如果此前有过观赏京剧的经历，选择的可能性就大了很多。而另外一方面，经典艺术的流行化、时尚化也是应该持续发力研究的课题。当然，宋官林认为，跟上时代的步伐不是一味贴合，应是有的放矢地吸收合适的当代元素，以经典艺术为内核，焕发外在的、符合时代需求的光彩。

稍对国内演出有了解的人都知道，儿童剧在市场中所占的份额不容小视。相当长的一段时间里，这个类型的剧目成为演出投资稳赚不赔的代表。这种情况不难理解：小孩喜欢看，家长自然乐意花钱买票——一个小孩的兴趣，能带动一到三个家长的一同消费，票房自然有了重大保障。分管演出营销的那段日子，网络还不发达，宋官林天天琢磨着吸引观众的手段。

当时，纸媒是信息流通的重要渠道。“我就告诉营销部门，北京有一个《北京晚报》，市民天天看，但是春节的时候我重点关注《北京青年报》，往那上面投演出宣传。这是白领看的报纸，虽然看这些的白领也许不见得喜欢京剧，但是他们的父母、他们未来的岳父岳母喜欢。”宋官林的这一做法，实际上与儿童剧的销售手段极为相似，都瞄准了主要消费力，又洞悉了这一群体除了自身需求之外的一些需求。青年人站在中间，老人和小孩他们都要呵护着、宠着。自然地，小孩看儿童剧，老人看京剧，青年人需要做的，就是一并买票陪着进去，演出合不合自己胃口没关系，重要的是亲人开心。

“一个包厢卖到两万七、三万。我发现有很多人把一个包厢包了，为了孝敬父母，比吃一顿饭产生的效果还好。”这一类从营销层面、市场层面生成的办法和策略，宋官林相信还有很多，“关键是肯不肯动脑筋”。

事实上，对于京剧观众群体“明暗”层次的深度把握，以及对京剧这一国粹艺术的熟悉程度，并不是一蹴而就的，宋官林年轻的生命体验中，京剧是一个长期陪伴在其左右的伙伴。

儿时的记忆里，学习京剧对宋官林而言是件很“恐怖”的事情。

电影《霸王别姬》当中有这样一幕：大雪纷飞的清晨，一群孩子穿着单薄的衣服，站在荒草地上喊嗓，大声吟唱《垓下歌》。一句“力拔山兮气盖世，时不利兮骓不逝”之后，天寒地冻的画面变为烈日当头的酷暑，不变的是插着腰纹丝未动的孩子们。这是宋官林所形容的“冬练三九，夏练三伏”。不久以后，因为一次手术，最初作为演员进入沈阳京剧院学员队的他掉队了，后来改行学打击乐，主攻司鼓。

京剧中，打鼓的人往往被称为鼓师。鼓师的职能，就是对舞台全局和节奏的掌握，是舞台的主宰者。鼓师在演奏的过程中，要通过对剧情的理解，准确无误地处理好各种节奏类型，对剧目进行中的启、承、转、合进行阶段性的扩展和烘托，从而达到渲染剧情，衬托戏剧人物的目的，使剧目的演出更具艺术感染力。从某种程度上说，鼓师所承担的工作，像极了一个管理者在组织中发挥的效用：总揽全局，把握步伐。某种程度上说，似乎从当年打起鼓的那一刻起，宋官林就为日后的管理工作奠定下了思维基础。

在任职国家京剧院副院长期间，时任院长吴江提出了三大演出季概念：新春演出季、“五一”演出季、“十一”演出季——这是将交响乐演出的经营思维引入了传统戏曲演出当中。作为当时负责业务板块的副院长，宋官林将这一概念不断落实发展，渐渐形成了效果甚佳的“节假日效应”，越来越多的人将“过节放假去国家京剧院看场戏”变成了习惯。

2010年，宋官林被任命为国家京剧院院长。身居高位，他觉得自己肩上的担子更沉了。“首任院长梅兰芳，然后是老革命张东川，之后的吕瑞明、吴江院长是著名剧作家，历任院长我资力最浅。”当时的宋官林对自己的要求是，资历最浅，就更能做到脚踏实地去做一些事情。在这样的心态下，他首先把食堂做好，解决了吃饭问题；把公寓建好，解决年轻京剧学员的住房问题；继而着手完善分配机制，调整了工资结构。全

国家京剧院青年公寓入住仪式

院上下都在朝着更加井然有序的状态迈进。

2012年夏秋之际，对京剧艺术特别关心的丁关根同志找到宋官林，与他进行了一次长谈。“他把国家京剧院、北京京剧院、上海京剧院、天津京剧院、天津青年京剧团称作国内五大京剧团。我感到非常震撼和震惊，老人家80多岁了，五大京剧团70后、80后中分别有哪些名角，他列了一个表，这个表对比完以后，告诉我要打造京剧艺术的国家院团。”这次交谈，让宋官林对行业内人才断层状况有了直接的感受，也给了他很大的启发。“后来我觉得要加大培养青年人才的投入。我当时想了一个理论，要延长资深艺术家的艺术生命，缩短优秀青年人才的成长周期。”

紧接着，宋官林做了一个名为“年轻的朋友来相会”的活动，每年三月在梅兰芳大剧院举办。“这个活动是召集全院的优秀青年演员、演奏员集中进行展示、展演。”

《年轻的朋友来相会》是一首歌，宋官林之所以以这首歌的名字来命名这活动，是看中了歌词里的一段话：“再过二十年我们来相会。”创立这个品牌活动的时候，宋官林大声地问那些年轻演员们：“再过20年，于魁智、张建国都70岁了，你们能不能接替他们?”伴随着背景音乐里不断重复的《年轻的朋友来相会》的旋律，全场的人都为之动容。

国家京剧院“年轻的朋友来相会”活动

青春路

如同在东方的“守正创新”，在国家京剧院时期，宋官林就非常注重整体精神导向的塑造。“我把剧院上下都在说的‘一棵菜’艺术精神定义为‘阵容齐整、风格清新、艺术严谨’。”其次，他对国家京剧院的定位是善于继承、精于借鉴、勇于创新。

与有着显赫前身的北京京剧院不同，国家京剧院是新中国成立后成立的新剧院，在剧目制作上，国家京剧院最著名的剧目之一《杨门女将》，便是根据扬剧《百岁挂帅》改编而成。关于这一点，宋官林始终认为应该“站在前人的肩膀上重新完成一次超越”。

出于早年间从事理论研究工作的敏感性，他习惯将很多或抽象或繁杂的概念进行梳理和提炼。在调入京师之前，宋官林在辽宁文化系统中工作了很久。作为地地道道的东北人，人生头几十年，除了短暂的研究生课程进修经历和一些公务出差到北京，他大部分的日子都在广袤的东北大地上度过。

在辽宁工作期间宋官林与青年舞蹈家刘福洋在一起

将时光的指针往回拨上几轮。1983年，宋官林刚从沈阳师范大学中文系毕业。这个在旁人看来“很爱学习”的年轻人进入沈阳市艺术研究所，参与了编纂《中国戏曲志辽宁卷》的工作当中。以此，宋官林对中国戏曲整体的发展与沿革有了大量史实方面的了解。不到两年，他又开始负责一本名为《艺术景观》的杂志的编辑工作，借由工作之便，宋官林常常出入各种学术研讨会，接触到了不少业内专家。慢慢地，他发现大家似乎在“激烈地争吵、讨论着关于戏剧观一类的内容”。

事实上，当年宋官林碰巧置身其中的那场论战，后来作为一个重要的历史事件被永远标记在中国的戏剧理论发展历程中了。如今回头审视，它的大致状况是，最早由黄佐临在上世纪60年代首次提出的“戏剧观”概念，事隔二十年后重新进入人们的视野，进而引发了一场空前热烈的大讨论。当时，学界围绕其展开的讨论主要包含以下内容：对于戏剧观定义的分歧、对于写实与写意的分歧、对于“观众学”的分歧、对于现代化与民族化的分歧、对于“假定性”的分歧，以及经由“间离”效果开始，深入至戏剧美学角度的分歧。在宋官林的印象里，这场论战一方面是当时学术氛围活跃的有力体现，一方面也给自己在戏剧理论研究方面的认知带来了很大的冲击。

工作后不久，宋官林迎来了一个回到象牙塔深造的机会：1988年，中国艺术研究院开设硕士研究生课程进修班。“经过实践以后再一次集中精力来学习，对于我之后的艺术积淀是非常重要的。”那时候，年轻的他对进一步学习和深造这件事，有很大渴求。

待在北京的日子里，宋官林白天接触一些心目中的大师，向他们求教和学习，晚上流连于各个剧场看戏。“印象最深的老师是张庚、郭汉成、龚和德，受震撼最大的戏剧是中戏的《桑树坪纪事》。”几十年后回忆起这段经历，他的眼神中仍有几分闪动的光芒。

经过一年短暂而富有成效的学习之后，宋官林回到辽宁，走马上任沈阳市文化局艺术处副处长。在他的眼中，这是自己开始转型从事艺术管理工作的标志：他慢慢涉及一些大型晚会的组织工作。

一开始，宋官林没有太多这方面的经验，出于对演出整体呈现效果和完成度的考虑，1993年、1994年，他连续请来了赵安、黄一鹤、门文元导演进行晚会的具体策划。“他们在工作的时候，我在旁边观察学习，我那时候还太年轻，应该多听多看。”宋官林觉得最有意思的是旁听这些经验丰富的艺术工作者聊天。“邀请了哪个歌手，选择了什么舞蹈，出于

时任辽宁省文化厅艺术处处长的宋官林和来访法国官员及辽宁芭蕾舞团演员

哪方面的考虑，好多心得是在聊天的过程中出现的，对我帮助很大。”

20世纪90年代后期，是宋官林在辽宁工作的最后几年，他担任了省文化厅艺术处处长。这段时期，成为宋官林集中将所学知识转化为工作才能的时候——他渐渐将辽宁的艺术节发展到了全国闻名的程度。除了开发艺术节、创立文化品牌之外，他也加大了舞台演出项目的生产与制作力度。“辽宁人民艺术剧院推出了话剧——《父亲》，辽宁歌剧院推出了歌曲——《沧原》，辽宁芭蕾舞团推出了芭蕾舞剧——《二泉映月》，辽宁歌舞团推出了舞剧——《白鹿额娘》。这些策划工作前前后后我全程参与，得了一个二等功。”这一切在1996年初到达顶峰：辽宁省凭借在京展演的七个剧目刮起了一阵“辽宁风”。宋官林的印象中，那几乎是自己第一次被其他省的代表团团围住，“全都来问我辽宁取得那么大成绩的内在原因是什么，有没有可以借鉴的经验和窍门。”

拐点出现在2002年辽宁沈阳举办的全国话剧观摩演出活动上。时任文化部副部长陈晓光注意到了宋官林——这次活动的总负责人。

不到一年后，43岁的宋官林接到了任命：赴国家京剧院任院长助理一职。随即，宋官林举家从辽宁搬迁至首都。

翻页

北京二字，对于当年的他来说多少是带着几分意外的。有些时候，宋官林甚至想不清楚，是自己突然遇上了北京，还是北京突然闯入了自己的生活。自然，这只是人对于生命似乎充满着无数可能的某种感慨。生活诸事，更多是人为积累下的必然。

度过近20年的光阴以后，起初置身京城的不真实感一晃而过，岁月的轮盘一圈又一圈地转动，宋官林的乡愁也在此间渐渐晕开。

这个东北人时常对着老乡们袒露自己的故土情结："我想去西塔吃正宗的辣白菜，吃老太太烤串，还要去西关吃回民的包子，我得告老还乡。"

2019年春天和夏天交叠的时候，宋官林卸任中国东方演艺集团党委书记、董事长一职，离开的那天，文化和旅游部党组副书记、副部长李今早代表部党组用"稳定了局面，开创了新局面"来评价宋官林四年的呕心沥血和扎实奋进。宋官林在离别感言的最后，深情地说道："轻轻的我走了，正如我轻轻的来，我抖一抖衣袖，挥不去我心中永远的中国东方情…….."如潮的掌声经久不息。他离开的时候，编导、演员、干部含着泪水深情注视他离去的身影。

如释重负。某一次交谈中，他像记起了一件终于了结的难题似的，欣喜地告诉对方，每天六点半36频道的辽宁新闻，自己不用再赶着下班点回家看了。

这个来北京以后保持了十多年的习惯，成为一种真正自然的日常。在清空了大部分工作日程以后，周遭的一切都充满了令人欣喜的细节，他掌握了大把时间，去追寻生命深处那些更多的可能。

正畅想着往后生活的时候，这个面相温和，脸上始终挂着笑脸的东北人头一低，眼神里又闪过一丝认真："我觉得我这几年交的答卷还过得去吧!"这个不经意却又略显郑重的自肯，像极了一个埋头写罢文章，放心地将笔帽盖回笔尖的作者。

窗外，是北京明朗的天，还有未曾真正停歇的脚步。

从“救火”到“火”

邹建红　宁波市演艺集团有限公司董事长

命运似乎一直在跟文艺青年邹建红开玩笑。

小时候，他给样板戏打唱词，后来兴趣第一，真上了艺校。17岁那年刚毕业，他就被分派上山下乡去了——邹家俩孩子，大哥建红去“广阔天地”间作为一番，总比妹妹一个女孩子背井离乡强。在农村，他不甘沉寂，组织村民排练样板戏。返城后被招进慈溪市越剧团，想着漂泊多年，终于可以安定下来了。谁想几年后港台文化流行，电视机走入千家万户，戏曲行情急转直下，一年也没有几场演出。他两线作战，跟朋友去做钢材生意。

在慈溪市越剧团耕耘多年，最大的收获算是得了个奖，然后剧团就解散了。他又被调进宁波市小百花越剧团。

本想着在剧团专心搞艺术，当好乐队指挥，结果领导宣布：解除邹建红同志乐队队长、指挥职务，调去做演出部经理、办公室主任。

虽是提拔，但从搞艺术跨界到“营销”“管理”，跳跃性大了点。

这个出身教师家庭的青年人正带着一批“小百花”学员教学、排戏，转行得猝不及防。

好领导

邹建红血气上涌，去找领导讨说法。领导开导小邹同志：“团里你带出来那么多好演员，却没有地方演出，没有观众。要是从咱宁波去趟杭州，演出的票房都不够来回路费的，你说你着急不？再说现在团里这帮骨干里，也就你还可以搞搞‘外联’。你不上谁上？你之前不是还卖过钢筋水泥吗？做生意你有经验你怕什么！”

领导晓之以理，动之以情，辅之以高帽。小邹晕晕乎乎，坚持重申：“只想专心搞艺术带学生。做市场营销我不行，我不干。”

好教练知道什么时候该给队员鼓掌，什么时候该冲他们屁股上踢一脚。领导态度逐渐强硬起来，说你赶快去搞演出经营，先干半年，干不好或者到时候不想干了，再给你换回原岗位!

被赶上架的鸭子没办法，只好蹒跚上任。

1993年，32岁的邹建红正式走上“管理岗”。他不知道，这会不会是命运下一个玩笑的伏笔。

虽说领导表态了，干不好还有退路，但祖籍山东、生在浙江的邹建红身上兼具北方人豪爽热情与南方人敢闯敢拼的气质，一接手就全力以赴，尝试各种方法去开拓市场。

当时小百花越剧团没角儿、没钱、没背景，资源置换那些套路压根儿行不通。邹建红盯着政府与观众这上下两大群体，做了两件事来破题。

一是向北京、天津、香港等海内外“宁波帮”人脉借力。小百花越剧团先理顺了与香港主流社会的联系，借此理顺了剧团与宁波市政府的联系。

宁波帮是中国传统十大商帮之一，早在上世纪80年代，邓小平就总结了宁波两大优势：一是“宁波港”，二是“宁波帮”。大名鼎鼎的邵逸夫、包玉刚都是其中翘楚。

后来，小百花越剧团所到之处，宁波帮名流必定亲临捧场。市领导高兴地跟邹建红说：“往常会见香港一位名人，最长可能五六个月才能碰面。没想到跟着小百花的演出，要见的人全都见到了，要谈的事情全谈好了!”

果然是文化搭台。

领导的认可虽指向“艺术”之外，但剧团的功用得到领导认可，意味着能够得到更多的支持。对于文艺院团的发展乃至文化改革，邹建红一直强调“领导”的作用。这不是简单地“讲政治”，而是一位“行动派”五味杂陈的经验之谈。在他看来，领导不懂行都不要紧，只要支持就可以。不懂行却爱胡乱指挥，摆“说一不二”的官架子，冷冰冰不为下属做嫁衣，笑呵呵满嘴空头支票……这类领导才让人欲哭无泪。

破局

领导的眼光还真不错。

新上任的演出部经理虽然一肚子不情愿，却并没有混日子。履新后，邹建红带着小百花越剧团走上了“全国巡演”之路。

从绍兴、杭州、苏州、无锡、南京等南方城市，到济南、天津等北方重镇，邹建红一路长征，冲在前面开路搭桥。

碰钉子，一离开浙江便开始了。

在无锡，邹建红就吃了闭门羹。

为了给团队打前站对接场地及食宿，邹建红要提前几天到。他到无锡大戏院后发现前期对接出了问题，无锡大戏院方面表示没有安排演出。剧团本来在无锡安排了五天时间，如果不靠演出回笼些资金，将是不可想象的事情。剧院方面打了个太极，把小百花越剧团的演出介绍到了无锡下辖的宜兴去。

邹建红没辙，马不停蹄跑到宜兴，宜兴大会堂方面不乐意了：一个星期让我组织四台演出？不可能。又把皮球踢了回来。

夜里10点，邹建红饭也没吃，思绪万千：“自己带队出来巡演，如今还没出浙江，就走投无路了吗?”

他不甘心。

第二天，邹建红早上七7点就赶到无锡大会堂，等大会堂主任。

7点半，8点，9点……他知道无锡大会堂也能承接演出。10点时，终于等到了主任。工作人员告诉主任：“这人7点多钟就等着你了。”主任赶紧跟邹建红打招呼。一番交心，主任感慨：“签了合同还踢皮球，太丢人了。”他当即告诉邹建红，无锡大会堂愿意帮忙。

点燃一把火后，主任又不得不泼盆冷水：“大会堂有1500个位置，越剧演出，上座率不会好看。要不我出面，再帮你协调下剧院方面?”

邹建红沉默了一下，坚持与大会堂合作，并做了一个大胆的决定——请大会堂的职工去为小百花的演出开拓售票渠道。职工们不白忙活，邹建红决定拿出票款的三成作为职工奖金，剩下的七成，再分三成给大会堂。

奖励方式之新，分成额度之大，在当时的1993年并没人这么干。主任感动之余，不能不考虑制度上的风险。当时，大会堂职工每月工资也就300多元。主任也想借机观察重赏之下，职工们能把售票渠道拓展到什么程度。双方后来签了个合同：三成售票奖励之外，大会堂只收15%的费用。

邹建红不想干坐着等结果，决定同时出击。

他让小百花年轻漂亮的女演员们统一服装，出去回来都排好队列，走在街上着实吸引了很多眼球。他相信，经典剧目可以吸引老戏迷，而青春靓丽的姑娘们可以吸引新戏迷。

短短五天时间，他又发动其他几家文化公司一起营销，票全部卖完。演出非常成功，职工们也得到了实惠。

多年后忆及此事，邹建红并没有多少敢为人先的自豪，只是苦笑说一句“市场是被逼出来的”。

行万里路，争一口气。以后的巡演，邹建红有了更多动作。粉丝见面会、媒体公关、策划爆点……小百花一路坎坷，终于成为长三角著名文化品牌，越剧的魅力也投射到了全国。

此前，剧团没人敢想象，小百花可以到京津这种京剧昌盛之地分一杯羹。

1994年，小百花到天津演出4场，前3场每天都有一个残疾的老太太由她女儿推着轮椅来陪她看演出，这引起了邹建红的注意。演出结束时，邹建红亲自把老太太推上舞台与演员一起谢幕，老太太拿起话筒，激动地说："上个星期我在电台听了宁波小百花的演唱，这三天我每天都走进人民剧场看一台戏，真好！因为我双腿残疾只能坐在轮椅上，他们团长特地把我推到舞台上与演员一起谢幕，我真激动，感谢小百花，在这里我看了第三场还想看第四场，今天，他们团长送给我4张票，明天我要把我的亲朋好友都带过来。我希望你们宁波小百花年年都能来，我年年都要来看。"

第二天，天津的电视报纸广播媒体都报道了这暖心的一幕——《一位下肢瘫痪越剧迷成特别观众，坐轮椅看越剧场场必到，登舞台听加唱心心相印》，名团、名角与一个残疾老人的故事在古城津门传颂开来。

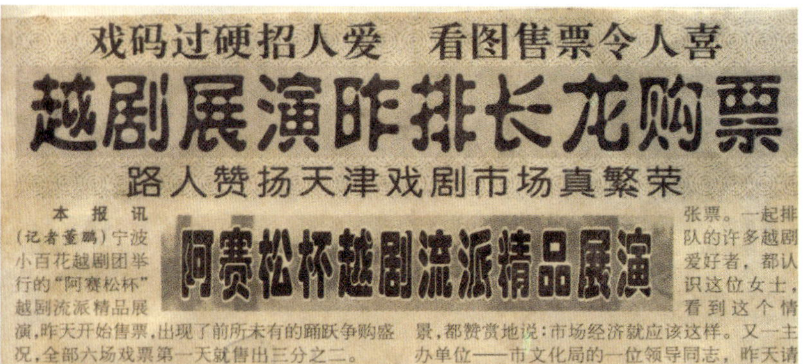

戏码过硬招人爱　看图售票令人喜

越剧展演昨排长龙购票

路人赞扬天津戏剧市场真繁荣

阿赛松杯越剧流派精品展演

本报讯（记者董鹏）宁波小百花越剧团举行的"阿赛松杯"越剧流派精品展演，昨天开始售票，出现了前所未有的踊跃争购盛况，全部六场戏票第一天就售出三分之二。

昨天早晨4点多钟，在中国大戏院售票房前出现了第一个等候买票的人，5点多钟就有10多人排队，7点多钟增到50多人，之后人越来越多，到9点售票时间，就有200多人排队，从售票房直排到兴安路口。观众自动发号，维持秩序。过往行人看到这个壮观场面，驻足观看，有人说：天津戏剧市场真繁荣。

长龙队伍直到下午两点多钟才缓解。

这次展演活动，戏票概不赠送，一律在售票房出售，中国大戏院恢复"看图售票"，观众只要早来，就可以买到好座。这个做法，受到普遍欢迎，所以出现了排长龙购票的热烈场面。主办单位之一——天津市宁波经济建设促进会，带头维护这个做法，派出工作人员高梦玲在6点多钟就到售票房前排队购票，她领到14号，购票时拿出一张支票，买去212张票。一起排队的许多越剧爱好者，都认识这位女士，看到这个情景，都赞赏地说：市场经济就应该这样。又一主办单位——市文化局的一位领导同志，昨天请人花钱到售票房购买6张戏票。许多观众都是拿着9月29日今晚报登的演出广告，写上哪天买几张交给售票房，都是6天票成套地购买。

观众在排队等候购票时，互相议论这次展演，认为宁波小百花越剧团这次演出戏码硬，都是流派精品，难得一看，值得排上几个钟头。

下图为昨天排长龙购票盛况。　宁柯 摄

媒体报道宁波小百花越剧团天津演出盛况

邹建红越来越擅长制造新闻——不是夸大其词的“标题党”，而是很有现代气息的“事件营销”。还是在天津，小百花票房火爆到观众早上五点排队买票的程度，他还是硬生生同合作剧场挤出一场“义演”，带领五十名演员将该场演出所有收入送给唐山大地震的孤儿，天津媒体一路跟踪报道；在南京，他专门为七十多位戏迷组织联谊会，“角儿”和“票友”在一起唱念做打，不亦乐乎；在武汉，他带着演员去长江堤坝上慰问抗洪救灾的“党员突击队”。要打出品牌影响力，不仅把眼光放在政商高层，也将精力放在戏迷、老百姓身上，一点一滴积累口碑。这一如今看起来并非创举的细节，事实上为小百花以及邹建红日后走向市场做好了充分的心理准备。

宁波小百花的市场就这样打开了。

花儿为什么这样红?

“文化搭台”，为谁而搭？邹建红从不讳言，政府和企业始终是他的“大客户”。

20世纪90年代，小百花受命随宁波市委市政府领导赴长春为宁波市产品展销会宣传助演。

到了长春，邹建红才发现自己完全没法指望当地宣传部门帮忙，索性自己去做“媒体公关”，连带操刀新闻稿。东北人豪爽，邹建红不仅付出了不少心血，还差点喝成胃出血。长春这次演出战果辉煌，无论从哪方面说，都足以让他日后难以忘记——

第一步棋，邹建红打听到长春有10位院士，就派出剧团演员把院士一位一位请到演出现场，齐刷刷坐到第五排。当地领导到场落座在第六排后，大吃一惊。长春市市长说吓了一跳。

次日，当地媒体发力了。“院士专家齐刷刷到剧场与省市领导一齐观看小百花越剧团演出”成为各家报道的亮点。

第二步棋，邹建红循着名单给众多参加展销会的宁波企业发去了邀请函，告诉这些企业家：“票一百块一张，企业要多少张都可以。”票可以送给合作的长春企业——那时宁波好多民企为长春的汽车企业做配件。邹建红让宁波企业家出钱买票，派小百花演员负责把票连同宁波市长签名的邀请函送到指定的长春甲方手中。演出现场，两地领导分区与两地企业坐在一起。宁波企业家觉得用这种方式感谢甲方有面子又雅致，纷纷买账，以致演出票供不应求。

后来，邹建红同朋友笑谈自己利用政府搭的平台搞了个“众筹”。

第三步棋，邹建红没光盯着“客户”，也在实用的前提下兼顾了一下“情怀”——他专门为艺校学生准备了400张免费站票。一来填充空位，二来有助于现场氛围。

离开长春后，当地媒体仍在热议小百花越剧团何以在经济基础并不发达的东北城市，面对并没有越剧欣赏基础的东北观众，将演出搞得风生水起。演出结束离开长春8天后《长春晚报》一篇报道的题目，二十年后的今天，邹建红依然记得——《花儿为什么这样红?》。

在戏曲基本没有市场的当时能搞出这样大的动静，相当不易——关键是还赚到了钱——邹建红早早尝到了一石二鸟的甜头。这种社会效益、经济效益一举两得的模式立即被复制到小百花在各地的演出中。

一番摔打，小百花终于成了宁波市的文化名片——市委市政府领导出去都要带着。

领导高兴地把邹建红叫去，抓着手上下左右一顿摇：邹团长，再换个地方吧?

中国文化報

中华人民共和国文化部主办 ZHON

1999年11月15日 星期一 第266期(总第2072期) 每周一

导读 导读

二版：迪斯尼将给香港带来什么

中国古代包装艺术展 令人耳目一新

文化市场 周刊

本报文化市场编辑部主编 每周一出

全院满座 HOUSE FULL

宁波小百花越剧团

宁波“小百花” 文化名城的文化名牌

□ 本报记者 吕天璐

宁波小百花越剧团——一个7年前成立的年轻剧团，这几年，不仅是在当地，在全国演出市场也可谓是声名鹊起。回顾初创期每场演出收入不过3000元，为了节省费用，演员每次去外地演出都要自己背上铺盖；而到了今年4月，该团赴武汉演出的《孟姜女》，每场演出收入达2.8万元。团长刘建宽不无自豪地告诉记者，全靠加强队伍建设，靠“阵容整齐、流派纷呈”的特色和细致独到的营销方略，剧团才为自己闯出了一片广阔天地。

按“角儿”论工资

今年10月，宁波“小百花”刚刚进行了一项工资制度的改革：50岁以下的演职人员工资、职称全部放入档案，工资标准根据每个演员的具体情况(如：是否是主要演员、在戏剧界的知名度以及团内部专业技术考核成绩)分类别评定，“高评低聘、低评高聘”，二者的收入相差2000元左右。与此同时，演出补贴也改用计分制，龙套3分，而主角最少的是10分。刘团长说，旧有的分配机制的打破，尽管也在团内引起了一些争议，遇到了阻力，但是更大的功效是引入了竞争机制，发挥了演员的积极性。

改革工资制度只是宁波“小百花”产业化经营的一项举措。刘团长说，他们每年有两次专业技术考核，邀请上海、杭州等地的越剧专家参与，只有一类的前5名才具备担任主演的资格，考核的成绩与职称、工资挂钩，不但增强了剧团的活力，也给新演员提供了成“角儿”的机会。

“组合式”剧目生产

获奖剧目如何开拓异地演出市场，这是不少剧团关注的焦点。“如改成‘浓缩版’，规模缩小，演出效果难免要受影响。宁波“小百花”则大胆开创了“组合式”剧目运作方式，即把剧目分解为若干个部分，便于拆、合，“合”则气势磅礴，“拆”则化整为零，不仅规模、气氛不受影响，而且质量也绝对有保证。今年4月，该团《孟姜女》剧组赴武汉演出。这是一台大制作、大投入的剧目，演出需要100多名演员参加，道具车需要4辆5吨加长车，按传统的市场运作方式，赔钱似乎在所难免。“组合式”恰恰解决了这些问题，导演、技术指导、灯光设计、主要演员提前7天到武汉，和武汉歌舞剧院合作演出，由该剧院演员演配角龙套，舞台灯光等基本设备也向武汉歌舞剧院租用，降低了演出成本，而且演出质量也有保证，开拓出了一条大型获奖剧目走市场的路子。

“小百花”是越剧的一个品牌，而叫做“小百花”的越剧团体内已有不少。宁波“小百花”面对的是观众对知名品牌的期望以及如何在众多的“小百花”中独具特色的问题。他们吸引越剧迷的王牌就是“阵容整齐、流派纷呈”。每位演员都能演一至二台大型传统戏，越剧的各种流派在宁波“小百花”都能找到。宁波“小百花”还大胆地对传统越剧进行改革，不论是创作剧目《孟姜女》，还是老戏新编《红楼梦》、《梁祝》，不仅在节奏上大大加快，而且大量吸取了其他剧种的表演手法，并运用电脑灯、声控技术等现代舞台的科技成果，使新、老观众都能接受。同时，着眼于市场，新排的老戏、新编剧目排演前都要进行市场调查、成本核算。

务实的营销

有了名声与定位，重要的就是营销策略。提起这个话题，负责营销的剧团长邹建红的话开始滔滔不绝。

宁波“小百花”每次到外地商演，都是自己操作，很少与当地的演出公司合作。赢利的秘诀在何处？邹建红说，几年的营销经验，已使他们的市场操作进入了良性循环的轨道。首先是进行营销的成本核算。其次，每到一地，通过当地的“宁波帮”，把宣传策划做起来，造成“演出未到人[illegible]”的声势。“小百花”两次赴港演出都是在宁波旅港同乡会的支持下成行的，从剧目选定、费用筹措、剧院选定到宣传、票务销售，都是他们策划的。当香港新光戏院挂起近几年都不多见的“全院满座”彩旗时，邹建红说他知道这一仗打赢全亏了“宁波帮”。另外，他们还致力于培养一批“帮宁波”的越剧迷，因为他们深知自己剧团演出市场规模的巩固和发展取决于戏迷的多少。7年来，他们在成都、南京、武汉、天津等地都成立了戏迷会。现在，剧团在外地演出，都会有戏迷从各地赶来观看。邹建红说，其实每次演出前的出票，他都好像是在炒股票，必须时刻留意市场行情。演出前，他总尽量收购场外票贩子手中的票，保证让每张票都能从窗口出去。虽然也许因此看戏的人会少些，但是一来票是没打折出去的，二来剧院门口没有退票和票贩子，对于“小百花”的声誉也有好处。

在市场操作中，邹建红说，另一个重点还是从观众的角度去思考问题，把解决观众困难、组织观众自觉购票的工作放在首位，而且不断调整方式，多设票点，专车接送，举办讲座等。每到一个城市，剧团的营销班子总是想方设法联系宁波企业驻所在城市的办事处，征求他们的意见与设想，宣传企业产品，宣传宁波城市，联系当地的客户，让企业把“小百花”当成他们企业的一张文化牌，商演的回报自然也不成问题。

宁波市文化局局长周时奋说，宁波小百花越剧团已经逐渐发展成为一个同宁波城市地位相适应的宁波文化产业名牌。走市场让他们尝到了甜头，看到了剧团未来的无限生机。最近，越剧团下属的演出艺术中心与黑龙江儿童剧院签约，运作该剧院在宁波的商演，从目前的场次预定状况来看，150场应该不成问题。

特别关注

《中国文化报》报道宁波小百花越剧团运营经验

没有根据地

打下了阵地，建好了工事，稳当了两三年，就要换防？

邹建红心里“咯噔”一下：“领导，为什么受伤的总是我？”

领导晓以大义：“歌舞团效益不好，前阵子为了得荷花奖用力过猛，如今穷得叮当响。他们团长也不想干了，给宣传部打报告建议调动工作，歌舞团面临解散——宣传部当然不同意。部长问到我们，我们想到了你——老邹啊，你去歌舞团当团长怎么样啊？”

小邹变成了老邹，涵养好了不少。邹建红平静地回答：“我当然不同意。”

领导哈哈一声点点头，放他走了。

就这么放过自己了？邹建红不敢相信。

当然没那么简单。两天后，他的直属领导——文化局局长，还有副书记突然找他开会。进去一看，会议室里就俩领导和他自己。

那天的场景过于难忘，以至于时隔多年，邹建红还清楚地记得这次“会议”的精确时间——九点通知开会，谈到九点四十五分，领导摊牌：歌舞团57号人，有40个人投票希望不要解散，有15个人希望你邹建红去当团长。事到如今不要再争论了，没商量——老百姓点名让你去“救火”，你不去？先干一年，干不好，就解散，再给你另安排地方。

又来这一套？

邹建红沉默。

“走过来，走过去，没有根据地。”崔健的摇滚好像唱到了人心里。

还有比这更让人无语的事吗？

有。

起死回生

说是走马上任，倒似良弓下放。到了歌舞团一看，邹建红心里凉了半截。

歌舞团效益不好，员工们工资微薄，白天上班没积极性，晚上倒纷纷去夜总会赚外快；要排练时，得对着通讯录一个个打电话现叫回来；排练完了要演出，却发现连设备都没有，或借或租，自己搞定——有时候连演员都得从外面借。58个人，硬是搞不出一台晚会。

刚到的团长并不急着“立威”。邹建红明白，这事儿不能都怪员工。2001年，歌舞团员工月工资还四五百而已，这点工资要在宁波生活，难度可想而知。但是这样下去，歌舞团就被夜总会打败了。邹建红给员工开会，承诺一年内让大家每个月拿到1500——只是不允许一面拿着团里的工资，一面到夜总会搞兼职。有不愿意的可以打报告辞职。

有两人不愿意，除了名。其他人再也不提。

先稳定人心，然后要来点实实在在的改变了——邹建红不是大忽悠，没有演出实力的歌舞团奢谈开创那无异于耍流氓。

考虑到眼下必须多快好省建设歌舞团，邹建红奉行经济实惠的“拿来主义”，先把几位舞蹈演员送到四川去学变脸、杂技，又引进曲艺相声演员，使歌舞团节目多元化。歌舞团第一笔赚了15000元，邹建红直接拿出7000元送团里两位好演员去北京学习导演、服装设计，剩下8000元给一位得了癌症的团员报销了医药费。

一来二去，歌舞团不仅有歌舞、杂技，还有曲艺，节目大大丰富了起来。由此有了开拓市场的基础。

审时度势，政府和企业依然是邹建红的目标客户。他开始为宁波的大企业策划活动——比如方太集团、山花集团、宁波港务局等等。

过去歌舞团“穷且益坚”，不接这种活儿。邹建红看起来没有这样的心里包袱——赚钱就必须放下架子——歌舞团给方太员工培训舞蹈、声乐，企业文化的收入占了很大比例。

当年方太集团搞搬迁，员工们颇有情绪。邹建红就由此入手，策划晚会主题。他派摄影师跟随方太老总到两位四川员工老家，拍摄了父母的寄语，又把员工妻子从老家秘密接到宁波。晚会现场，大屏幕一放，员工的爸爸妈妈说“孩子你放心，家里一切都好，集团老总送来了贺信和奖金。你要在方太好好干”，妻子的现身更让现场的温情达到极致。妻子说集团领导领着她看了新厂区，那么好的免费宿舍，为什么不去。

大家都感动得又哭又笑。家属的寄语为员工们解开了不少心结。员工们也感受到了责任感与荣誉感。方太集团发现“晚会也出生产力”，连续15年委托歌舞团策划年终晚会。

邹建红还积极联系东方歌舞团、中央歌舞团，通过合作演出拿下项目，又提升了宁波歌舞团的演出水平。2005年，中国旅游年会在宁波举行，邹建红负责策划。一天，他获悉北京有中央歌舞团的演出，有关“东西南北中”“大中国”这一主题，当即二话不说，坐飞机就去看演出。看完演出就跟中央歌舞团团长谈：“这几个节目我要，你们演出费20万我给你，我再加10万块钱，你们提前七天到宁波，我还有35个舞蹈演员要加进去，再增加排练费5万块钱，往返交通费用我出。”

谈来谈去，北京来客拿到了60万，志得意满。算上舞台成本，邹建红大概花了90万，原预算200万元创排费的晚会最后不到100万元解决了——而且加进去的演员都学会了北京大团的节目，许多剧目被保留在宁波歌舞团。

一番折腾，歌舞团总收入从邹建红2000年接手时的100万元，增长到2011年的3700万元。邹建红硬生生将宁波歌舞团从崩溃边缘拉了回来，实现了丰厚的营收和社会效益。

即便就此收尾，邹建红“救火队员”的特质也已十分有说服力。然而，赶上时代巨变的老邹，仍在继续他的故事。

单干

2003年，宁波市歌舞团、艺术学校、研究院等五家单位重组抱团。可惜这艘人员配备全面、涉足领域广泛、集中了一大批精英的战列舰，经历了短暂的混乱后，无疾而终。

5个团、5个一把手，思想怎么也走不到一块儿！老邹曾经颇为意气地向朋友抱怨——虽然给员工涨了一千左右的工资，但工资增加没用，重组后集团思想混乱、矛盾重重、散漫怠工等问题都没有得到应有的重视和解决，想干活的就干，不想干的就不干。邹建红断言，以后肯定还要大改一次。

小百花越剧团芳华不再，被晾在了一边——因为领导换了，新领导开始支持甬剧。邹建红爱莫能助，叹息一声，带兄弟单位民乐团远离是非之地，到国外演出去了。

对外国市场的关注与留意本出于一番无奈，谁承想，多年以后，这段“歧路”竟然收到了奇效。

改革难免交学费，难免会产生短暂的混乱，难免有代价。在改革的惊涛骇浪中，有的人身陷囹圄，有的人全身而退，有的人默默沉沦，有的人起舞弄潮。有主动出击也有形势所迫，邹建红基本上算是树欲静而风不止。刚从法国演出回来，三位歌舞团的老伙计就来找他。名义上是吃饭，当然是为了说话。三人一开口，说的是想脱离演艺集团，把歌舞团拉出去单干。

一天，歌舞团副团长带着几个人走进邹建红办公室发了一阵牢骚：“过去几年咱们怎么样？现在又混成了什么样子？这样下去还有什么希望？”邹建红心头和脑袋一热，决心脱离演艺集团。

歌舞团要拉出去单干！

集团领导不答应，但老邹去意已决。这次是真的自己主动要走了。根据集团政策，歌舞团要分家，只能带走人员工资的60%，以及一块场地，此外别无他物。领导或许是怕这帮人以单干之名套现，又临时提出：“歌舞团出去单干，你邹建红自己得先投进去10万块钱”。邹建红不服气：“当初合并，注册资金我们歌舞团出了100万，如今我们只拿回60万，已经搭进去一小半了，凭什么还让我再出10万？”交谈不欢而散。

第二天，一群员工陆续出入邹建红办公室，话不多说，每个人都放了一份钱在老团长桌上。“大家要跟你走，这钱不用你一个人出！”

没有规定职工出钱，职工们却你五千我一万，硬是凑了30万。邹建红感动又被动：“好！再无退路！”

他自己也拿了10万出来，三位老搭档也出十万，连同拿回来的60万，汇总成110万，57个人组团，注册了宁波市歌舞团有限责任公司。邹建红不让职工白出钱，根据投入的份额，他们得到了公司相应的股份。一个离家出走的国有院团，倒在负气创业初期，就率先全国完成了员工持股改造。

多年后回看此事，邹建红既庆幸，又得意。股份激励下，员工们干起活来积极又负责。

三国时刘备兵败长坂，士民携家带口跟随，部下担心行军速度被拖累，刘备一片仁心，不舍民众，被史家视作关乎其成就大业的高贵品质。邹建红不是刘备，倒也干了件类似的事。

新公司57个人中，有一个是得了癌症的病人，本可安稳留守在演艺集团下属艺术研究院，却毅然提出要跟着邹团长走。这人就是当年邹建红刚接手宁波歌舞团时报销医药费的团员。

他十分动情：哪怕以后医药费报不了，我也跟着团长走。有团长在，我生是歌舞团的人，死是歌舞团的鬼！

人心可用！

一穷二白，连演出设备都得从外面租，57个人从零开始，邹建红中年创业。

属于自己的光明

不用再赘述，老邹总有办法“扭亏为盈”。第一年年底，团队们就开始商量如何分红的问题了。

大家达成共识：第一年，不分红——因为团里啥也没有，所以每次演出都要从外面租设备，太浪费。同事们一致决定，用年底分红的钱，买设备。

然后，他们一口气置办了120万的“家当”。

至今，邹建红都难忘第一次用团里设备演出时的场景——大家早早布完场后，哪儿都不去，就在剧场里坐着，看着布景，看着灯光亮起来。那是他们自己团“服化道”美的结晶，那是属于他们自己的光明。一群人像傻乎乎的孩子，就在那儿坐着、看着、笑着、憧憬着，灯光照亮了整个剧院，掌声自发响了起来……

邹建红曾跟朋友说，那个场景他永远忘不了。

干得好，不是自己“躲进小楼成一统”的私事，是关乎众多人幸福感的大事！老邹回想自己如同一块砖被搬来搬去的经历，虽然不痛快，但确实有那么点儿意义。这么一想——并不像一般鸡汤文套路那样“他就释然了”，恰恰相反，这个倔脾气的家伙更拼命了。这一场景，成为他日后拖着病体带头冲锋拼命去干事业的一个力量源泉。

第二年，团里又添置了LED屏，每个人年底还奖励了5000块。第三年，新任的文化局长也支持歌舞团年底分红，但一走程序，才发现有问题。

歌舞团注册资金里51%的股份，是宁波市文化局出的，歌舞团营收应该上交给市文化局。邹建红认为团里演员们辛辛苦苦忙一年，到头来还不能享受到股份制的好处，法理当守，心绪难平。局长想了想，叫邹建红按规则上交，后续局里再贴补点钱，买辆大巴车奖励给歌舞团。

2006年，演出收入超1500万表彰大会上，宁波歌舞团算是有了自己的大巴车。随后两年，年底也不便分红，发了些奖励。

这不是个例，对邹建红甚至众多院团掌门人而言，内容制作与人员福利，是十分牵扯精力的事。前者宏大中求细节，后者细微中见大节，都足以令人头疼不已，甚至万劫不复。

不分红，还不算什么严重的后果——对老邹而言，一浪接一浪的风波，简直堪称他的人生标配。

问题出现在新任文化局长到任后。

新局长从程序上追根溯源，考虑到其他两个不改革院团的平衡工作，认为歌舞团不能分红。邹建红不得不为了全团同事去吵。局长说宁波歌舞团有限责任公司的股份是特定条件下给的，不能分红。硬要分红，先将政府每年给的100万项目经费扣除，从公司2003年成立到2011年，算下来八年时间800万，再有一些其他的加起来，扣掉1500多万，算是把政府的账给清了。最后账面上还剩40万可以分红，邹建红一分钱没拿，都分给了同事们。

没有退路

2011年10月，市委书记在一次常委会上对院团改革感慨，宁波三个院团，歌舞团原来最困难，但放到市场中去历练发展，却成了全省乃至全国的先进。作为宁波地方戏，甬剧也得走市场路线，假如真作为“非遗”保护起来，恐怕不久的将来真就变成博物馆里的物件了，我们这届领导有责任。

宁波市演艺集团有限公司授牌仪式

经过市委市政府研究决定，每年追加预算，把甬剧也交给邹建红打理。就在那一年，宁波当地歌舞团、越剧团和甬剧团转企改制。12月，宁波市演艺集团有限公司挂牌成立，成为宁波市属的国有独资有限责任公司，下设宁波市小百花越剧团有限公司、宁波市甬剧团有限公司、宁波市歌舞剧院有限公司、宁波市天然舞台文化发展有限公司、宁波市天然舞台舞美设计制作有限公司。

老邹从此又多了一个身份——

宁波市演艺集团有限公司董事长。

摊子大了，阵地长了，天天有演出。策划在北京，制作在宁波，市场在全国，到处去投标。

每逢他出国或长途出差，他的司机都会长出一口气：“自己终于不用连轴转了。”要知道，邹建红的车，一年要跑好几万公里。

事无巨细的邹建红大事小事都不得不操心，全不顾自己曾经“死过一次”。

还是2008年的事儿。邹建红接到任务，杭州湾大桥落成仪式与主题晚会时间定在五一劳动节当晚，而4月25日有一场“宁波市工业风云榜表彰大会”的晚会，5月7日又有一场在英国举办的“宁波文化周”，都是邹建红负责，压力可想而知。筹备到4月22日晚上，邹建红身体出了问题，撑不住去医院，大夫说他胃有问题。折腾到凌晨三点多，回家睡了两个小时，又起来去上海英国领事馆签证。上海返回宁波的路上，分管文艺工作的副市长又来电话，说宁波大剧院舞美还未搞好。邹建红赶到剧场一看，舞台还没搭好。排练日程已经排满北京邀请的一线演员，留给他这儿的排练时间只剩五天了。等副团长被他叫过来质询，心急火燎的邹建红自己先晕倒了，是副团长和司机把他送去的医院。

心梗。心脏从来没有问题、也没有家族病史的邹建红患上了心梗。

人算是抢救过来了。这回老邹心里除了工作，还添了支架。

打那儿以后，朋友和领导一见到老邹，都先问：“身体怎么样？”

还能怎么样？每年彻查一次，从此每个周末把手机扔到一边，强制休息一天。退出江湖？不可能的。

老邹曾对朋友这样自明心迹：前期奋斗当然是为了自己，但到了后期，就是使命感的事儿了。

他永远记得2009年，在北京接受中央领导颁发“文化名家暨‘四个一批’人才”荣誉证书时的座谈会上，中央领导语重心长地说：“文化体制改革，出版、电影、电视等产业都搞得非常好，现在最难的是院团改革，希望你们闯出一条路来。”

此话扎心了。

“当老百姓几十万块钱放在你桌子上要跟着你走的时候，这种责任感就开始鞭策你，拷问你——可不能停下来呀，可千万不要发不出工资呀。”邹建红跟朋友这样说，“歌舞剧院有限公司挂牌后，我觉得自己已经没退路了。”

十里红妆

2017年，宁波市演艺集团推出了话剧《大江东去》——宁波没有话剧团，他说宁波迈入一线城市，我们的演艺也要求有一线城市的标配，从原来只有越剧、甬剧这样的地方剧种扩展到话剧、歌剧、舞剧的创作——这是情怀。老邹自认这部话剧水平绝对是国家级的。冲到北京参加全国话剧展演，果然受到好评。

“市场派”邹建红虽然从不认为领导都懂戏剧或是院团管理，但坦承“领导很重要”。这自然是一个务实而明智的理解。

在他看来，领导也不必非得懂业务——分管这一行的领导基本没有常干的——只要肯支持，别“瞎指挥”就行。既懂戏剧，又懂管理，更能把院团带好，邹建红对自己充满自信。团里导演们不吹不黑，说“邹团是半个导演、半个编剧”，赶上排练，就叫老邹帮看看、提提意见。验收剧目时，遇到人物形象塑造或念白有问题，老邹更会当场指出来。

可老邹不能沉浸在“艺术的世界”里。现实中有太多的难题更待他去攻克，尤其在纷繁复杂的改革中。

外行人很容易“越改越凉”，只有懂行的明白人，才能抓到改革的关节。

老邹自信不自负，2017年还跟人自谦“近两年才成为管理上有自己一套东西、创作上有自己主见的成熟团长”。聊着聊着又锋芒毕露，看不惯业内某些行为。比如某些团长拿到剧本，开个会甩给导演就不管了。导演再甩给几个美其名曰“辅助”的小导演，实际上却“反主为客”，由小导演实际执导。“没有全身心投入，出不了东西。”说起某些导演的“堕落”，老邹一腔惋惜。

偷工减料的改革必定失败。事实上，全身心投入都不一定能出成果。

有一次，一位领导看了杨丽萍的《云南印象》，建议邹建红也搞个展现浙江民族风情的作品。市文化局局长发话：如果这个剧评上“五个一工程”奖，局里给拨经费；评不上，歌舞团就当自费排戏。

歌舞团内部一商量，怎么算都是排原创剧目才有出路，更何况还有争取到经费的自信。说干就干，大家很快排了个剧目出来，但邹建红越看越不满意——浙江民间音乐好，但苦于浙江不是多民族省份，排起舞蹈来都是江南水乡，都是轻柔婉约——一个节目也就罢了，一台剧目，几个舞蹈串下来，千篇一律，整个节目也就泯然众人。

邹建红当即飞北京，上国家话剧院找王晓鹰导演一起商议。一番采风下来，王晓鹰想在宁波商人闯世界上做文章，编一个故事。两人又考虑如何将民族舞蹈、爱情故事融入进去，几番打磨，终于有了舞剧《十里红妆》。

宁波风俗，男子为心上人置办十里红妆，可谓风光迎娶。剧目讲述了青梅竹马两少年定亲后，男子为赚钱筹办十里红妆外出闯荡终无消息，女子终生苦等的凄美爱情故事，既展现了宁波民间人文，又融入了红妆文化——邹建红为此重新做了置景——再加上多种风格的舞蹈，整个剧目好看了。

成功入选“五个一工程”奖。

墙外香

不管怎么说，《十里红妆》总得演出。邹建红心一横，改革就不怕吃螃蟹，直接带着剧目去了美国纽约林肯艺术中心。四场演出，票基本

《十里红妆》在林肯艺术中心演出盛况

卖完了！

当年出国演出的经验，此时用得上了！

邹建红提前做了功课。半个月前便进入多所美国高校做讲座，电视台打广告，马路广告，一番折腾下来，2700多座的演出剧场，除了第一场空了七八十个座，后三场都爆满。宁波歌舞团在美国市场赚到了钱！

不断地探索国外市场，终于有了回报！平时多少积累，才成就改革破土出芽那一瞬间的勃发！

虽然四场演出都赚到了钱，但邹建红觉得，标榜“自由市场”的美国到底还是没有摘掉有色眼镜。

斗智

因为四场舞剧演出火爆，美国一家媒体邀请宁波歌舞团接受专访。对方专门说明，不要访问团长或宣传部门的官员，只希望侧重艺术方面，采访导演和制作人。于是，王晓鹰和邹建红参加了访谈。

美方主编设计了两个深度问题，一个是“获奖靠政治正确”。

邹建红耐着性子机智地回答主持人：“《十里红妆》有讲政治吗？没

有吧？有讲共产党、有讲人民政府吗？没有吧？获得了‘五个一工程’奖，对吧？所以‘五个一’不是唱赞歌就能获奖的。《十里红妆》的可贵之处在于民间艺术舞台化，在于其更多地反映了当今中国艺术创作的最高水平。”

后来谈及此事，邹建红笑言：“只靠‘政治正确’的话，即便我跟官方关系再好，也不可能三次、三个作品把‘五一个工程’奖颁给宁波市演艺集团，关键还是作品过硬。”

美方主持人顺势问了第二个问题：“说到当今社会，中国拜金主义很严重，年轻人结婚都要房子、要车子。看了《十里红妆》后我们感觉这是中国传统文化遗留下来的，拜金主义不是现在才有，从《十里红妆》看，一百年前就有了。”

防不胜防呀！邹建红坐在那儿，鼻子差点气歪了。但美国人说得也是有鼻子有眼儿。十里红妆，这能说不是物质要求吗？

愣了几秒钟，邹建红怼了回去：“你们的看法有点偏颇。我们这个剧目里有浙江的21个民俗风情。第一个叫女儿红，意思是当女儿出生，爸爸就要做米酒招待亲朋好友，然后把多余的几坛酒埋在地下，等女儿十八岁的时候拿出来招待亲朋好友，这叫女儿红；还有做嫁妆，从女儿出生母亲就开始准备女儿的嫁妆——这更多的是一种父母情对女儿祝福的精神寄托，结婚的时候带到婆家去，希望女儿在夫家终生都用娘家的，这是妈妈对孩子的一种希望，一种精神上的追求。民俗风情，多如此类。”

聊到这儿，王晓鹰接过话头，开始聊自己在处理剧情时如何考虑艺术效果。一来二去，聊完了这个话题。

中午吃工作餐时，华裔女主持人专门来跟邹建红解释，说问题是美国人所设计，十分佩服他回答问题时的机智。

永不止步

舞剧《花木兰》演出后热情的观众

“救火队员” 南征北战东挡西杀，折腾到现在，不仅成功“救火”，自己也火了，成了艺术创作、文化产业改革战场上的名将。宁波市演艺集团2016年开始与中央歌剧院合作创排舞剧《花木兰》。让老邹颇为自豪的是，《花木兰》不仅得到专家的认可，获得了不少奖项，更重要的是，得到了观众的真心喜欢。

“功成名就” 是外人眼中的老邹。老邹自己过得比较沉郁。“志得意满”这个词跟老邹似乎无法结缘。院团改革推进起来牵一发动全身，且局面过大，不易“掉头”。老邹坦承“许多问题，我们改变不了”，有时，也难免跟朋友发发“心冷了”之类的牢骚。

嘴上吐槽，却永不止步。2020年7月，邹建红就要退休了。退休后——他没有解甲归田的计划。珠海市出资上亿，要将演艺集团做大做强。早在2019年5月就有传言邹建红受邀去帮珠海市筹备相关事宜。有人问起，邹建红只说：“珠海市是个可以做点事的城市。”相识的朋友也打机锋：适合的平台，需要适合的人，做适合的工作！

这个愈发倔强的老愤青也许永远逃脱不了命运的编排。他人生阅历足够丰富，却永远不知道推开领导办公室后，对面会抛过来什么难题。

“救火队员”过去的重点常常在“救”，如今重点转移，更多地方期待着请来老邹，让本地演艺事业“火”起来。

邹建红也乐此不疲，跟他交流的人无不承认：“这家伙一说起话来，基本全是工作的事儿。”

老邹永远在路上。

打好人生奥林匹克的每场比赛

康伟　北京演艺集团有限责任公司党委书记、董事长

闲着的时候，康伟经常愿意去奥林匹克公园溜达溜达。站在那里，他有一种天然的舒适感，“空气都变好了一样”。

几座举世瞩目的建筑见证着他人生的巅峰十年。路过那个稳稳伫立在鸟巢、水立方附近的泰山石时，一些回忆的碎片经常一涌而上。时至今日，已经很少有人知道这块石头的来历。2004年8月27日，鸟巢、水立方工地上北京百年不遇的局地尘卷风，造成严重人员伤亡和财产损失。那块石头是康伟作为现场亲历者被说服后，三上泰山请来的。简单地说，它曾被用来稳固军心——和康伟在那段岁月里承担的责任高度相似。事实上，这种能够作为“被信赖和依靠”的存在，一直是他不可或缺的能力。

从青年时期开始，他就在工作环境乃至社交群体中扮演沉稳、讲道理的角色。他太开朗了，实在且有远见，还忠诚，很给人以安全感。长期以来，这种个性为他提供了相当强的定力，使他能够在变动不居的工作环境中游刃有余。

40多年的职业生涯中，康伟做过不计其数的工作。他从过军，到加拿大、美国、澳大利亚做过访问学者、进修和留学，曾在高校、政府和大型国有企业工作，长期从事股权和资产管理、投融资和文化体制改革等工作。全程参加2008年北京奥运会申办、筹办和举办工作。奥运会筹办近8年间，作为鸟巢、水立方、网球中心、曲棍中心和射箭中心等五大奥运场馆的责任人和现场总指挥，负责场馆投资、建设、工期、安全、施工质量和赛后运营。2008年底，北京演艺集团开始筹建，康伟担任首任党委书记、董事长至今。

如果将他的人生经历拆分，作为代际的注脚置于时间的轮盘中，珠子落下过的不少数字，都有他的见证。这些人生经历，仿佛一场又一场的人生奥林匹克，每一场比赛他都认真对待，每一场比赛他都要打得漂亮。

延续的奥林匹克

2019年9月5日至8日，奥林匹克公园音乐季在北京国家体育馆南广场举办，四场极具特色的演出，以交响乐的厚重与大众掌声融入的互动，为夜晚的奥林匹克公园增添了艺术的气息。

北京演艺集团组建后，康伟在考察集团所属国家体育馆时，向东侧和南侧望了望自己之前倾注了很多心血的鸟巢和水立方，他的目光里带着新的构想。国家体育馆毗邻鸟巢和水立方，是奥运三大件之一，地理位置优越，即便在世界上也是极具特色之地，要用好这一优势，借鉴国

第四届奥林匹克公园音乐季

外大城市经验，创排一台能代表北京的、10年后能成为国际品牌的户外音乐会。

4年来，北京演艺集团持续推出“奥林匹克公园音乐季”这一品牌，以惠民形式的演出和服务，用高艺术水准、零欣赏门槛和极强的互动性，实现了康伟最初的设想——“把‘奥林匹克音乐季’打造成能够代表中国户外音乐会水平的首都文化品牌”。

奥林匹克公园音乐季项目是北京演艺集团成立10多年来聚焦创作演出主业，力推原创精品力作和重大演艺品牌项目的一个剪影。10多年来，作为北京演艺集团创始人和一名至今一直担任党委书记、董事长的“老兵”，康伟心中充满感慨和欣慰。

这也成了奥林匹克事业在康伟心中的另一种延续。

坚定回国

1992年冬天，加拿大的雪特别大。这一年，刚过30岁的康伟，作为全国高校中最年轻的外办主任，以拓荒者的身份进行国际高校交流活动，去加拿大做访问学者。“刚30多岁，有种满怀壮志的感觉。”

那时出国访学的留学生条件非常艰苦，和今天是没法比的。在加拿大，居民一般都住在别墅里。那里冬天雪多，雪特别大的时候，一夜下来积雪能堆上一米高，早晨起来门都推不开。当地人会雇人铲雪。用大铲子铲出一条路，可以拿十几个加币。那个时候，人民币对加币的汇率基本是6左右，“铲雪十分钟，赚钱六七十，那可是上个世纪90年代啊。我那会儿正当年，直接就上了，边铲脑子里边转换一下汇率，心里乐开了花。”但其实，铲雪是个辛苦活，看着十分钟，实际上半个小时也铲不完。没干过的不知道，干过的就会知道特别累，“一会儿就受不了了，直喘粗气，浑身冒汗。就这样，还觉得国外真的强太多了。”

20 世纪 90 年代初康伟在游轮上

他的印象里，上世纪90年代初出国的，特别是去加拿大的人没一个回头的。临近回国之前，他和几个同学坐在安大略湖边的草坪上，身旁的人轮流给他做工作，说康伟你脑袋有问题啊？想回国，回国就再也出不来了。他们手舞足蹈地给他描绘蓝图：奋斗几年就能有房有车，车再破也是车，加拿大还是24小时热水。几个人说了半天，唾沫星子直往湖里喷，就一个结论："绝对不要回去！"

但他还是决定走。

访学一年两个月回国以后，康伟被调到了北京市政府外事办公室。领导特别欢迎："就要你这样按期回国的人，你回来就去市政府，别回学校了。"到了市政府外办以后康伟才发现，真正在国外留学和有国际背景

康伟在市政府外办工作期间参加与美方有关合作协议的签字仪式

的太少，懂外语的人很少，懂的人也干不长久。“多少驻外使节都跑了，一秘、二秘、三秘、参赞都有。外边生活的诱惑太大了。”

破土

经过提前数年的努力，2001年7月13日，北京申奥成功了。但对普通老百姓来说，那时可能还觉察不到她会给自己生活带来什么变化，也不会想到申奥成功会预示着一个新时代的开始。那时的北京，地铁还只有两条线，分别是建于上世纪六七十年代的1号线和2号线。四环路刚刚全部建成，现在熙来攘往的中关村周围，一眼望去还有大片的农地。

半年后，因为在市政府外办参与奥运申办的工作经历，康伟被调入新成立的北京市国有资产经营有限责任公司，任命为党组成员、副总

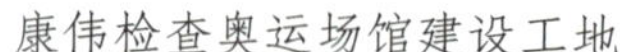
康伟检查奥运场馆建设工地

裁，负责国际业务和奥运场馆建设。康伟知道，在接下来的几年时间里，直到2008年北京奥运会结束，他的每一天工作都将与奥运紧紧联系在一起。

其间，他作为国家体育场（鸟巢）、国家游泳中心（水立方）、国家网球中心、奥林匹克曲棍球场、奥林匹克射箭场投资建设的总负责人，亲历了场馆建设的每一个细节，陪同了几乎每一位时任正国级领导人的视察，后又在奥运会结束后的日子里，肩负了五大场馆的赛后运营任务和资产处置。

2003年末正式奠基之前，鸟巢和水立方还只是面积15.7平方公里的洼里乡南边的一小块地。这个地势低洼的区域，走过了500多年的历史，生产大米和油鸡。直到1992年，因为被纳入北京申奥报告中的场馆规划区，洼里乡由此改种植水稻为栽种树木，一共种了50余万棵。新世纪以后，这里80%的人们靠租房维生，一个月能有五六千元的收入。

而当电影《我和我的祖国·北京你好》中葛优扮演的出租车司机哼着小曲驶过鸟巢的时候，洼里乡已经彻底焕然一新，或者说——不复存在。

变化始于2001年7月13日晚上10点10分之后。当国际奥委会主席萨马兰奇宣布北京申奥成功时，全村老少从四合院里冲出来，大喊着："赶紧搬家给奥运腾地儿！"民族荣誉面前，搬迁的效率极高。截止到2003年9月，洼里乡一共拆除了3974户的房屋，关闭了148家企业，迁移了23000人。村民们离开这片祖上近20代人生活的地方，搬到了北五环外一带。到如今，那里已经成为亚洲最大的居民社区群落。从2004年的4月算起，洼里乡这个名字至今已经从北京市的行政区划上消失了15年。现在，这里叫作奥运村。

水立方奠基之前，中心区到处是拆迁后的狼藉景象：一堆堆的建筑垃圾、生活垃圾，以及被遮盖在下面的暗流和臭水沟。让他最头疼的，是辛勤的洼里人民留下的绿色遗产——红线内南边的424棵树，高高低低、排列无序。"移伐树木要找园林局，超过10棵要向北京市政府报批。"一般情况下，审批时间超过一个月。他当时就急了："哪有那么多时间！”

两个月过去以后，场地上的垃圾没了，沟洞也填平了，红线里的424棵数依然挺立。“我们像皮球一样滚来滚去。”彼时，市政府对奥运工程建设的管理体系尚在形成当中，责任分工不明确，外围部门又敏感于奥运的特殊性，拍板办事谨小慎微。一直到北京市奥运场馆建设指挥部正式成立以后，问题才得到解决。

康伟还清楚地记得鸟巢和水立方开工建设的日子。“鸟巢是2003年12月24日正式奠基，水立方一开始定的是12月12日，比鸟巢还早一些。”还剩一个多月时，决定两个主场馆同时在12月24日上午开工，鸟巢是9点，水立方是10点。为了确定这个日子，康伟甚至于很庄重、很认真地拿出了三本黄历：一本内地的，一本香港的，一本台湾的，正式提出了开工日期的建议。从第一次提出开工日期到最后一次确认，康伟数了数：“一共9次重大调整。”

那忠是当年洼里乡第一个搬出去的村民，搬到昌平的一户农家院里以后，这个71岁的老人每天倒3趟公交回到22公里外的洼里乡附近转悠，开工那天也不例外。即便看不见什么具体的东西——他太想亲眼见证这些建筑拔地而起了。

关注这个宏大叙事的不仅仅是那忠，还有全世界。奥运筹备初期，康伟所带领的核心组织只有5人，到开工30人，后来加上各单位抽调和总包人员近万人。现在想起来，康伟仍然觉得不可思议。“办事风格、工作作风和效率都不一样，认知程度也不一样，意见分歧一个接一个，天天吵，还要理性地吵，积极地吵。”短短的一个多月里，他带领着自己的工作人员，辗转于几十个部门和机构之间，包括当时的国家计委、国家外经贸部，焦头烂额。当时一个老领导摇摇头对康伟说：“这么多年的工作从没遇到变化这么快、这么复杂的项目。”

2003年12月24日晚，北京深冬的大风中，土方开挖。新闻也一条接一条地发出。海内外媒体对开工仪式使用频率最高的词是：简朴、隆重、热烈、大方。当年的工作总结将其称为“北京奥运场馆建设阶段性的胜利”。

现在，如果站在位于鸟巢北面、高246.8米的北京奥林匹克塔上极目远眺，能很清楚地看见鸟巢和水立方之间那条中轴线。它由南向北延展开，划分东西。晚上亮起灯光以后，像一条闪烁的动脉标记贯穿了北京的核心城区。中轴线自元朝形成，百余年来，京城发展的故事在这里渐次铺陈。梁思成曾赞叹：“北京独有的壮美秩序就由这条中轴的建立而产生。”1990年的亚运会与2008年的奥运会主场馆先后坐落于北京北部以后，600余年的中轴线地带终于形变，南北对称性被打破，重量渐渐倾斜至北部。

参与奥运会选址工作的中国城市规划院总工程师杨保军曾在一次访谈时告诉听众：“城市北部快速发展，城市空间结构的均衡被打破，北重南轻一发不可收拾。”包含着那几座曾经举世瞩目的奥运建筑的，是大片茂密的绿地——被长达2.7公里的龙形水系纵贯的奥林匹克公园。它像一块柔软的绿毯，为北中轴的延伸线轻轻地掩上了一个沉静的结局。

奥运情

康伟将奥运场馆的建设作为自己人生历程中对于奥运这一历史事件的重要刻画。从设计方案征集、场馆建设到对外运营，他前前后后在奥运工地留下了与自己有关的上万张照片，包括每一个阶段、每一个角落、每一个场景。“记得当时碰到的第一个困难就是2003年突如其来的‘非典’。”

北京的街道一下子空了。伴随着的压力是北京已经向国际社会做出的承诺：奥运场馆在2003年开工建设。数百个世界级设计机构的方案涌向中国北京，但却因“非典”的到来戏剧性地盘旋在空中。许多国外方案代表人表示在世界卫生组织未将北京从重点疫区的名单中剔除之前，无法赴京参与方案提交和竞赛。无奈之下，按照北京市的决定，康伟作为现场唯一局级领导，和团队移师千里之外的海南博鳌——在那里，尚没有一例“非典”病例。就这样，国家体育场、国家游泳中心的方案先

康伟在建成的鸟巢、水立方前留念

后被确定下来。

在见证了奥运这场盛事的人群当中，国家体育场、国家游泳中心的小名“鸟巢”“水立方”家喻户晓，至今还是游客到北京的打卡之地。而让康伟一直津津乐道的是，自己在场馆的“小名”这件事情上曾经发挥过重要作用。其实，从一开始，因为外形的原因，国家体育场“鸟巢”的小名就在海南评标时出现。而国家游泳中心“水立方”的小名能够叫得开，则不那么容易。

“必须要给场馆建立品牌，这是灵魂。”康伟一再坚持，场馆必须要有适合自己的小名，才有可能在赛后进行市场化运作。为此，康伟曾经特别派人把给市里正式上报的公文截下来，在两个场馆名称后分别加上括号，标上“鸟巢”“水立方”。康伟说：“早在场馆建设的几年当中，我要求我们的团队，都必须叫‘鸟巢’‘水立方’，不然罚款。”

时光飞逝。从申奥成功，7年转眼间就过去了。北京一座座新的奥运场馆拔地而起，等待着2008年8月8日向全世界亮相。与此同时，城市交通、环境卫生、公共服务等也发生着翻天覆地的变化，老百姓感觉最明显的就是北京地铁在原有1号线、2号线基础上，不断向四处延伸。这个城市正代表着整个国家，展现着生机与活力，以前所未有的速度追赶着国际大都市的步伐。

奥运当晚，盛大的开幕式惊艳了全世界。“那天晚上，我心情很奇怪，有点失落。”康伟说。响彻“鸟巢”的礼花和欢呼声把他拉回7年前奥运申办成功的那个晚上，然后他想起2004年深冬挖掘机的第一铲，想起门口的泰山石，和7年里一张张写满认真和执着的脸。

开幕式结束后，他慢慢地走出“鸟巢”，天空还飘着烟花燃尽后的烟雾，看着身边渐渐疏散开的人群，一种难以言状的不真实感向他扑来。他又转头看了看一旁那个幽蓝、温柔如水的方形建筑，眼睛突然湿润了。“毕竟快10年了，从在市政府外办参与申奥，加上办奥，一转眼，自己这奥运一干就干了将近10年。人生能有几个10年？”康伟时常感慨。

的确，在多数国人的生命体验中，与奥运有关的日子自然不如康伟那么漫长和复杂。高光全然集中在2008年8月8日，烟花从“鸟巢”绽放的一瞬，现场、电视机前，国内、海外，全是黄皮肤人们骄傲的笑脸。奥运之于这个拥有14亿人口的国家，像是一把巨大而生猛的楔子，连带着初夏那场来自西南部的苦涩，直劈在刻骨的2008年，化作一个永恒的梦。10余年后，这场梦带来的颠覆并未因赛事结束而消失。它们作为奥运留给北京的馈赠，将这座城市推向未来，给参与过奥运的人们，抹上了不一样的人生色彩。

奥运结束后，康伟荣立2008年北京奥运会、残奥会先进个人和奥运工程建设特等功。

如今，当年死了心定居在加拿大的朋友隔三岔五往国内跑，在一起相聚的时候，他们和当年在湖边一样激动：“你当时英明啊，有远见，回国混得好啊！把奥运拿下了。”康伟说，自己没远见、更不英明，有的只是忠诚和厚道，同时自己也是幸运的。毕竟没有多少人的人生经历，能够亲身参与到国家的重大事件中去，能够被连同其留下的有形建筑，长久地留在一个城市的时空序列，并载入共和国的史册。

跨界

2008年11月底，奥运结束仅2个月，康伟得知自己将被任命为北京演艺集团党委书记、董事长。他就思考：“凭什么我能行？”一位市委老领导说："这个岗位需要三个条件，一是政治可靠，二是懂文化，三是懂经营。你长期在政府和关键岗位上工作，领导了解你，在企业你最懂文化，在文化系统你最懂经营。"

人生方向似乎随风而变，但工作领域的调转并非全无来由。原来，从2004年起，康伟就在筹备奥运的过程中，代表北京市国资公司先后参与了中国杂技团、中国木偶剧院、北京市演出公司等市属文化单位改革并在2006年就兼任了它们的董事长。但让康伟没有想到的是，自己日后竟然会一脚从国资系统跨进宣传文化系统。

任职北京演艺集团后，康伟逐步认识到，文化体制改革并非易事。这一点自己虽有耳闻，也有一定心理预期，但真正接触后，发现情况远要比预期复杂得多。"我那会儿一看，房无一间、地无一垄，心里就不好受。"除了办公是借的原市文化局九间房子，落差还体现在工作上。以前在市国资公司，二级单位就有几十亿的体量。组建北京演艺集团以后，当了董事长的他，天天签几百块钱的字，企业根本没什么资产，自己的工资还减了一半。角色还从给钱和投资的人变成了要钱的人。"一开始真不好过，天天求人，很不适应。"

这是大环境所致。作为最早进行文化体制改革的一批单位，北京演艺集团只能摸着石头过河，一点一点地找寻出路。领导给的目标要求很简单，"把牌子挂上就行"。那个时候，不管是同事还是康伟自己估计，这个岗位他不会待太久。"牌子挂上，两年一晃我就调走了吧。"但谁都没有料到，康伟在这个领域一干就是10多年。

万事开头难。特别是当时很多人对改革的思想认识不统一，甚至抵触。没办法，康伟只能给大家讲政策、做思想工作，在大会小会上举上世纪八九十年代某国营地毯厂转企改制的例子。当时，第一次面临转企改制时，地毯厂不想转，反复做工作，到处送小地毯，后来没改制；第二次转企改制又不想转，由到处送小地毯改为送大地毯，拖着不改制；到第三次时，实在不改不行了，但这时已错过最好机遇，地毯市场已被个体和民营企业抢占，地毯厂一改制就死了。

员工改革意识不强、思想转变难，再加上大家习惯了改革前相对松散的管理方式，集团面临着大量基础性问题。在这些问题面前，有着丰富国资管理经验的康伟，直接抓到了问题的“牛鼻子”。直到今天，很多同类型文化企业也没有解决好这个“牛鼻子”。

集团组建之初，第一批划转单位的背景和属性异常复杂，是立在发展面前的一堵高墙。这些单位中，有的归口国资的企业（国资公司、首旅集团），有的归口团市委的企业（北京青年报社），还有的是由民营企业控股，各单位财务资产管理一家一个样。

建立现代企业制度是解决北京演艺集团诸多困局的举足轻重的棋步，而完备的法人治理结构和科学的绩效考核体系是这一棋步的细节彰显。在思维层面，一切阻碍现代企业管理手段建立的思维都是康伟极力避免迈入的圈层。带着天然对市场的敏锐感知，他坚持将艺术创作和演出作为产品和投资项目来对待。

早在北京演艺集团成立之初，他就开始着手探索在所属企业领导体制上推行“双向进入、交叉任职”的可能，企业党组织负责人兼任企业副总经理，企业总经理兼任企业党组织副书记，明确把社会效益第一、社会价值优先的经营理念体现到企业章程和各项规章制度中。另一方面，他从推动第一批划转院团的股权调整入手，实现对各单位的控股，把集团做实。在此基础上，又以出资人和股东身份，先后委派100多名董（监）事，并向各单位委派财务和人事经理，完善两级法人治理结构，全面摸清各单位家底，推动落实集团重大决策部署。

康伟慰问演出后台演职人员

大刀阔斧推进改革之后，现代企业管理的模式大有成效，集团建立了统一归口管理的财务制度体系，并且围绕党建、艺术生产、人力资源、财务资产、法务等“五条线”管理，人、财、物上下贯通。

这都只是后来的贯通与顺畅，过程远远没有这么简单。委曲，应该是康伟推行这一系列改革的主题词之一。被人不理解，被人说不懂文化，被人骂破坏改革，如此种种，好在康伟坚持下来了。

但还不够。在康伟的设想中，现代企业制度的自我完善是没有阶段和时间概念的，永远是正在进行时。考虑到文化行业的双重属性，集团在全国率先推出院团绩效考核指标体系。这一体系，经由社会效益与经济效益两大核心，按年度对院团绩效进行综合评定打分，绩效考核结果与企业负责人年薪和任期挂钩。直接的刺激下，干与不干、干多干少、干好干坏一目了然。

“对于文化企业而言，人才无比重要。”对于当过兵、经历过战争的康伟来说，拉一支队伍的重要性不言而喻。“三三制”就是他制定的人才方略：政府选派、从市属单位选调和从社会公开招聘各占三分之一。解决好来源，还要解决培养。近些年，“有领军人物、有名角”成为康伟给各下属院团下达的重要任务目标，这个目标也在分阶段地实现。

一路走来，康伟觉得自己没有辜负组织。10多年前的9家成员单位已发展到29家，其中包括为更好肩负传统文化传承发展的责任和使命而复建的北京曲艺团和新组建的北京民族乐团；1.7亿元资产已裂变为33.8亿元，实际控制资产达50亿元。这期间的2012年，他荣获中宣部“全国文化体制改革先进个人”。

当年“一无所有”的尴尬，早已被康伟“润物细无声”般化解，如今只留下他嘴角的淡然一笑。只是，这种淡然，全然不是看上去的这般淡然。

盘活

曾在北京市国资系统工作的康伟，感受最深的是，与国资系统企业动辄上千亿的资产相比，文化企业的体量不值一提，产业集中度也比较低，企业间资源整合力度极为有限。文化企业大多小、弱、散，也很少有“大高个”。对传统文艺院团来说，没有有形资产，特别是没有可经营的良性有形资产，仅靠生产舞台作品这种无形资产，同时面临成本劣势，想用票房完全养活自己，还要兼顾社会效益，是极其困难的。

多年摸索的经验在向康伟传递信号——文化领域拼创意、重创新，行业迭代更新快，竞争激烈，可持续发展难度比较大。“从目前总体形势上来看，多数文化企业的基本生产经营模式，是‘内容+渠道+衍生品’的循环增值模式。”

围绕文化企业运营这个话题，康伟会以丰富的实战经验侃侃而谈，但不同于很多企业管理者，他像大学教授一般善于总结和提炼。“随着市场在文化资源配置中作用的进一步发挥，未来文化产业的发展壮大，创意和资本犹如车之两轮、鸟之双翼，市场机制在文化资源配置中的积极作用将进一步发挥。与此同时，由于文化的意识形态属性，我国文化产业以公有制为主体、多种所有制共同发展的格局将不会改变。”

基于这些判断，他要求集团上下在保持自身艺术特色的前提下，补足资产短板，重点就是要拥有自己的演出场地，同时建立自己的渠道。

为此，康伟针对集团自身没有剧场的状况，大力协调推动北京奥运会三大主场馆之一——国家体育馆成功划转移交北京演艺集团。

直到今天，还有新来的领导纳闷儿，怎么国家体育馆就给了北京演艺集团呢？通常，康伟都会笑着耐心解释一番：一是市委市政府支持文化体制改革，支持演艺集团组建，二是他干过多年奥运场馆建设和管

北京演艺集团成立十周年暨五月演出季开幕式

理，有经验。不仅如此，在康伟的努力下，国家体育馆还扩建出了一个可以容纳2000名观众的副馆。

如今，康伟又提出抓住冬奥的机会，成功将国家体育馆纳入冬奥比赛场馆，国家体育馆冬奥改建工程目前正在紧张进行。不久的将来，国家体育馆北侧新增出的专业冰球馆将会呈现在大家面前。从申奥到办奥，从夏奥到冬奥，康伟似乎注定了是一个与奥运有缘的人。目前他又成为"相约北京"冬奥测试赛北京组委会的委员。

2018年，北京市出台《推进市属文艺院团改革发展方案》，对北京歌剧舞剧院剧场建设项目原址重建、中国杂技团亦庄文化演艺中心项目开发建设、北京南部地区演艺中心建设等集团所属转制院团剧场建设项目以市委市政府文件形式予以明确。随着项目的落地建成，届时困扰转制院团多年的缺乏固定演出阵地问题将得到解决。这其中，康伟坚持不懈的推动发挥了举足轻重的作用。

集团和院团有了剧场这个重要的渠道资源，康伟要把原有院团聚拢捏合在一起，进而通过机制创新，推动产生化学反应。

到那个时候，北京演艺集团就可以进一步围绕剧场运营、舞美制作、票务销售、艺术培训、市场开发等演出上下游环节，推动资源整合聚合，降低演出成本，提高演出效益，培育出核心竞争力，真正走上专业化、集约化、规模化发展的良性发展道路。

“文化体制改革也是一场革命”，这是康伟时常挂在嘴边的话。北京演艺集团取得今天的成绩，着实不易。要问有什么秘诀，他说是坚持。困难的时候，只要比别人多坚持一步，离胜利和成功就更近了一步。

战场的力量

经过10多年的发展，如今北京演艺集团迎来了前所未有的良好发展局面。朋友问，赢得这个局面的力量从哪里来？他说，可能源于自己当过兵，经历过战争。

1976年底，康伟参军入伍到了新兵连当战士，不久后当上了班长。“那会儿驻区特别贫瘠，荒山上什么都不长。冬天风带着沙子往脸上一打，气都喘不过来。”生活条件也非常艰苦，平时大家吃长毛了的过期战备粗粮，米饭和白面要过节才能有，平时不让自己买东西吃。为了打牙祭，15岁的他偷偷买来鸭罐头和驴罐头，在部队附近苹果园里找棵形状怪异的苹果树下埋起来，等夜深人静的时候带着刺刀，再跑到果园里挖出来吃。

有一次，自己特美地吃完罐头，心满意足回去睡觉了，结果一大清早便被战友们吵醒。

大家围着他：“你怎么了？”

“我没怎么啊？”

神还没回过来，康伟隐约觉得手疼，低头一看，被子上全是血。他慌忙拿起小镜子一照，脸上也全是。康伟揶揄了半天：“我上厕所的时候刮着了。”两个平时和他一样往苹果园里埋罐头的城市兵一看就明白了，憋着笑不敢说，怕说了都挨罚。

如今，40年快过去了，手指上留下的深深的刀痕，成为往事永久的记忆。

1979年元旦以后，“部队训练频率高了很多，平时枪械里不装子弹，这会儿全装上了”。炮弹也纷纷被运出来，他天天擦枪擦炮，锃亮锃亮的。战士探亲和休假也全面停止。

1979年2月17日，春节过后5天，在中越两国延绵500公里的边界线上，万炮齐发，对越自卫反击战正式开始，同一天的《人民日报》发表《是可忍，孰不可忍》的文章，宣布对越开战，解放军分为广西、云南两个方面大军越过中越边境发起攻击。

也是1979年这一年，康伟加入中国共产党，年龄刚满18岁。到今天，他已40年党龄。

康伟在越战期间按规定不准对外联系，家人万分焦急。“电话没法打，就算有条件也不给通信。”直到战斗全面结束以后，他才和父母通上电话。据母亲回忆，在和家里失去联系的数月里，父亲失眠了。“虽也是经历过枪林弹雨的老兵，但儿子参战他还是失眠了，深夜他从床上爬起来，在院子里来来回回地绕圈。都是出生入死过的人，知道战争意味着什么。”

当兵4年后，康伟选择脱掉军装，回到了北京。

底色

在和朋友聊天时，大家都说康伟的人生经历和职业生涯有点传奇。康伟一听觉得言重了：“传奇这个词太大了，我顶多算是经历比较丰富。”

有人问，如果当年一直待在部队，现在会怎么样。康伟开玩笑地说：“如果那会儿继续待着，前途应该不错，经历过战争的人升得快，我从士兵开始干，按资历现在至少应该是个集团军军长。当年比我晚当兵的都是中将了。”

如果那时候出国不回来，现在会怎么样，他依旧半带玩笑地说：“应该早住上别墅了吧，可能还会和以前没回国的同学一样，隔三岔五往国内跑。”

“人生没有假设，我们应该做的，就是认真做好每件事，认真过好每一天。”

新中国成立70周年这一天，康伟在天安门观礼台见证了阅兵的盛况。他说，自己赶上了好时代，有幸亲历了改革开放，亲眼见证了国家由弱到强，也为自己能够在人生最美好的时光为国家贡献力量感到骄傲和自豪。

干了近10年奥运、10多年文化体制改革，难免会碰到一个又一个困难。“困难来了咱不能愁眉苦脸，咱能不能把它解决了？这个山头能不能攻下来？人的性格也很关键。”这个当年经历过越战的战士，话语体系里总夹藏着军人气息，鼓舞、勉励式句型占了大部分。

这或许就是部队给康伟打下的人生底色。

康伟参加新中国成立 70 周年阅兵观礼

不断空翻的精彩人生

王文龙　浙江演艺集团有限责任公司党委书记、董事长、总经理

2019年正月未过，王文龙如期出现在台北市政大楼亲子剧场。黑色西装，蓝色衬衫，灰色领带，一丝不苟。他站在话筒前，苹果肌提起，一个极富亲和力的笑出现。随后是数不清的快门声。新闻摄影师们都明白，人在还没说话之前的面部状态是最饱满的——开始陈述以后，这样的状态会被瞬间表情管理反复打破。

事实上，这一瞬间对于王文龙来说也未必是十足的完美。如果有人仔细观察他的脖颈，似乎能感受到因衬衫领口过于紧致而产生的不适感。在平常，他大概会选择穿上更舒适的阔领毛衣和亚麻西装。

如此正式的时刻并不多见，虽然这不是他第一回出现在这里。

王文龙出席在台湾举办的浙江文化节

角力

过去近十年的时间当中，王文龙多次以浙江话剧团有限公司董事长、浙江歌舞剧院有限公司董事长的身份出席浙江省每年固定在台湾举办的浙江文化节。这是一个促成台湾民众分享浙江文化艺术的传统与发展成果、彼此交流和借鉴的品牌文化交流活动，影响力穿越海峡。

负责地接的台湾导游黄羿铺是很长一段历史的见证者。“以前浙话主要出儿童剧，这几年人文话剧蛮厉害，我们这边反响蛮好。”他从台湾第二年举办文化节的时候就认识了王文龙，此后在机场的一年一会，他都兴奋地将自己的名字大声读成“黄衣服”。

王文龙与女儿

王文龙做了题为《开放、多元、国际化的浙江话剧团》的演讲。毫无疑问，他和他的两个剧团，是这个举办了十二届的文化节上最瞩目的存在之一。这一次，《心灵游戏》《天真之笔》《秋水山庄》三部舞台剧将在文化节上演。它们均是近些年来浙话转型之后集中发力诞出的作品。

近两年的中国话剧市场里，“人文戏剧、江南气质、浙话风格”这一品牌，已经声名远扬。早前的《新新旅馆》在登陆首都剧场的时候，青年编剧潘乃奇专程从成都飞往北京追戏，坦言在现场“几度欲落泪”。毫不意外地，这部话剧在之后拿下了田汉戏剧奖。

王文龙却越来越忙。再过一阵子，就是他五十五岁的生日了。这个数字放入他的年龄语境里，没有一点缓慢和发钝的意味，反而成了如日中天的象征。

女儿籽溢半个月见不到他一次。好几回和他聊天，一讲到自己的事儿，父亲就让她看着办。可问到工作方面，他却侃侃而谈停不下来。大年初五，她带着男朋友第一次去家里吃饭，王文龙全程都在谈工作，籽溢感觉被晾在一边，“实在说不上，我俩就提前走了”。

王文龙在事业上倾注的精力多于家庭——这似乎是他所处代际的集中特点和普遍现象。20世纪60年代生的人，羽翼里注定刻有伴随一生的集体主义和奉献精神。这一代人自父辈对于温饱的追求中走来，经历八面来风、四方潮起的20世纪80年代，奔向富裕的曙光。这当中诸如自我、家庭一类的诉求在某种程度上被跃动的社会需要统摄，出于自幼养成的某种惯性，他们从不认为眼前的事业仅仅是一份让自己过得更好的投入。

过了知天命之年，籽溢觉得父亲的步伐迈得更大了。多年前在中国美术学院读书的时候，王文龙还经常带女儿去外头吃吃饭，接她上下课。那是一段和父亲朝夕相处的难忘日子。学校离家近，籽溢每天下课都往家里跑。

十年前全面主持工作以后，铺天盖地的日程表像一副副带有墨迹的纸牌，占领了王文龙的生活。于是，他的重心很难再离开工作了。

2013年，籽溢考取中央戏剧学院研究生。她去学校报到那天，王文龙正好在团里开会，连机场都没给送去，女儿自己拖着28寸的行李箱去中戏座落于北京北五环外的昌平校区报到。后来，她还听说王文龙借这事儿正风气。在会上，王文龙板着脸讲：“遇到团里的事儿不要拿接送孩子上学什么的当借口，谁家都有孩子，今天我家孩子去北京报到我就没去送。”

而回到办公室，浙话副总经理朱耀强却看到了王文龙另外的样子。会后，领导层几个人继续讨论一些其他问题，到快结束的时候，王文龙说起今天女儿报到的事情。这位不经意间将自己的身份转换为父亲的总经理，语气全然没有方才在会上的那种掷地有声的感觉。他讲了一番对女儿的歉意与不舍，声音也越来越沉闷。末了，是王文龙一声长长的叹息。

多数时候，这个中年男人的劳碌会让籽溢有点心疼。“我有一次在他挺累的时候跟他说，你这么拼命，到时候退休了，你能得到什么？人生不能只有工作。”这些憋不住的实话讲了之后，往往会换来片刻的温情。“他就说了，女儿会来照顾啊！我就跟他说，你知道你的工作不会来照顾你就好。”

几阵横风吹过，走到这个人生阶段的王文龙感觉像是端着一杯已经很满的水，“不仅不能让水溢出来，你还要继续往里面添。”那些人们口中说的中年的困扰，在王文龙身上以一种艰巨的制衡状态隐约存在着。

籽溢觉得王文龙至今仍抱有很强的忧患意识。管理专业出身的她，作为家庭成员里唯一一个能够与父亲在专业层面上进行对话的人，很明白父亲的困扰。平时，王文龙的一些想法都跟她沟通，听听她的观点，包括前些年走民国三部曲的想法。很早以前，王文龙一些身边的朋友觉得还是应该搞婺剧，但籽溢却觉得民国系列一定可以。

有一次，王文龙带女儿回老家过年，饭后闲聊的时候，籽溢再一次向父亲表达了自己的看法。“我跟他说了种种坚持地方风格话剧的好处，毕竟戏曲再如何，市场还是有局限。”她能明显感觉到，在父亲身边的批评和建议声日益缺位，自己的直言不讳也在为父亲提供着一些不同的思考角度，这是尤为重要的。“说白了，我就觉得他到了一定的年纪和地位，不容易听到真话，这是很多院团的普遍现象。”

这种领导者的困境，是人类社会里一种“自然而然”的特殊性，几乎不可避免。有那么一些时刻，王文龙会觉得，某种意义上自己是个半路出家的管理者，没有专业背景和素养，却能一路走到现在，多少是值得庆幸的，而多年前那个更年轻的自己，也总是不经意地在脑海浮现。

一个人的史诗

所有的故事都一样，起因，经过，落尾。

对于王文龙来说，把1984年在人民大会堂舞台上留下的14四个后空翻作为一个故事的开始，大概算得上精彩。

如果要让这个开始显得更精彩一点，那么可以为那14个后空翻添个形容词：连续的。

实际上，就连“14”这个数字，在彼时都是不被确定的。有人说其实是13个；也有人说翻了十七八个——一位当年坐在前几排中间位置的观众很笃定：“我数过，15个，一连串，一口气。”

但故事终归是个玩偶，任人打扮。若真要回到1984年，王文龙的版本里压根没舞台什么事儿。

那个立夏前的四月末，他所在的东阳婺剧团从浙江出发，坐上颠簸的火车，经历几十个小时，走了一千多公里路来到北京。时值里根访华，车站的安检员们焦头烂额，恨不得把每个目光所及的人浑身都摸上一遍，京城上下更是处处都能见到飞驰而过的巡逻车。

王文龙跟着队伍在首都吃了三天的饭，还去天安门看了毛主席像。时年20岁的他觉得：“皇宫都去了，一辈子值了。”这个从农村来的孩子，拘谨得连东西都不敢往铺着布的桌子上放。

翻完十几个跟头，王文龙发现接下来碰上的人都“不得了了”。时任中央书记处书记邓力群、时任全国人大副委员长严济慈先后接见了他们，时任文化部部长黄镇甚至还邀请婺剧团一行到家中做客。

回到杭州以后，时任浙江省文化厅厅长钱法成亲自到车站迎接，还在省里组织大会介绍经验。许多年后，他在一篇回忆文章里写道：“王文龙这样的功夫，是在农村晒谷场上练出来的。他们的条件十分艰苦，硬是在水泥地上跌爬翻打，勤学苦练，真是‘宝剑锋从磨砺出，梅花香自苦寒来’。”

赶上传统戏高光时刻的王文龙，15岁入行，20岁火到北京，只用了五年的时间。

当时的中国戏曲学院院长王荣增在某一次座谈会上直言：“王文龙这样又能唱又能翻的花脸，全国少有。”很长一段时间里，王文龙被贴上的标签是“名震京华，誉享八婺”；而“龙哥”作为他的江湖称号，一帮婺剧后辈叫几十年都未曾改口——他和弟弟王文俊在人民大会堂献上的那出《铁灵关》，也被京圈里的戏曲迷们津津乐道了许久。

不到两年之后，王文龙成为东阳婺剧团团长。

这是另一个跨越了世纪的漫长故事的开始——而现在的王文龙，也多以在这个故事当中所扮演的角色示人。那以后，婺剧演员成了他深刻而不常提及的某种底色，伴随着的是越来越少的上台次数。

巅峰出现在1990年。王文龙以团长兼演员的双重身份代表浙江参加全国戏剧界纪念徽班进京200周年大会演出，与王文俊一起献上《三打王英》。在这场表演中，他的表演才华到了炉火纯青的地步：唱、念、做、打、翻样样皆精，“高拨子”唱腔、高台厚底“云里翻”“台扑”也

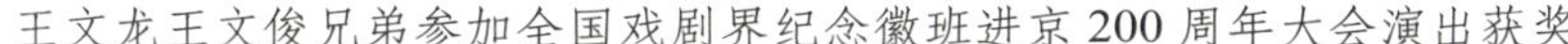

王文龙王文俊兄弟参加全国戏剧界纪念徽班进京200周年大会演出获奖

手到擒来。如潮的掌声中，兄弟俩顺利拿下了一等奖。

这也是他最后一次作为表演者在公众视野中获得国家级别的奖项。尽管如此，站在20世纪最后十年那个关口的他，对自己已经成为“最厉害的那几个”这个事实似乎仍然毫无准备，一如那个数十年前毫无准备地走进婺剧团的自己。

人生原本另有不同。

1979年的夏天，王文龙顺利通过考试，初中毕业。

在中国正式开始社会主义现代化建设，走上改革开放正确道路的第一年里，每天的太阳都是新的。凛冬退去，百废俱兴，无数种可能交叉重叠，并置杂陈在当时每一个年轻的生命面前。

不同于其他人对于未来所怀揣的各种不甚了了的向往，王文龙的考虑很简单：继续读高中，考大学。“我小时候很木讷，干什么都有些难为情。”彼时，他的弟弟王文俊在“文革”后恢复的婺剧招生考试中击败上千人，以第一名的成绩进入了东阳婺剧团。

王文龙剧照

应该承认的是，促使一拨又一拨的人报名婺剧团的重要原因，是珍贵的“农转非”户口政策——当时的人们比以往的任何一个时代都更执着于摆脱农村户口，摇身变为城市居民。“我弟弟是初中，还没上一年级，他比我小两岁，后来我一想，读书也要找工作，农转非太不容易了，大学生也享受不了。”王文龙很动心，但招生已经结束。

转折在一个月后。“有老师来家

访，说婺剧团还缺个行当，花脸，一看这个孩子不错，胖胖的，面相也喜。”王文龙决定试一试。

又一个月过去之后。王文龙出乎所有人的意料成了班里业务考核综合成绩的第一名，紧接着的第一次折子戏演出，在县里引发了第一次轰动——很快地，王文龙成为首批转正的十六七个人当中的一个。

接下来的事情如舟入水——王文龙一路演到了省城，花了几年的时间横扫各种奖项，最后在京城书写传奇，加冕。

到今天， 王文龙与人闲谈时偶尔提起戏曲演员这个身份的时候，总是换来礼貌而不确定的眼神。一定的年龄之后，一些事情是自然发生的，青春的优越被隐去，岁月像一支兵团一样将他的脸庞占据，留下一道道中年人的优雅，也把他和那连翻十几个跟头的少年越隔越远。如果不是交情够深或对王文龙的过往做过功课，多数人很难意识到这位演艺家曾经是个聚光灯下的演员。

角色的转换出乎意料的快。那一年，拿完最后一个奖，他积极适应着基层院团长的身份，开始事无巨细的生活。“那会儿我一直讲，在基层院团，团长工作时间是24小时。今天到这个地方演出，住在什么地方，吃在什么地方，甚至上厕所在什么地方都得安排好。”

生存的压力很大。差额拨款的状况下，缺口一直存在。王文龙觉得最直接的办法就是演戏——一次又一次，一场接一场地演。为此，他亲自跑业务。

“我就觉得剧团是要用演戏去赚钱的，没有这么多国家经费给你，我们从小就有市场概念。”当团长的日子里，王文龙吃尽了“受用一辈子”的苦。最紧张的时候，他看什么都不放心，“自己感觉天天要出事，这个演员生病了，那个演员脚伤了，明天演出节目已经安排完了，合同也签完了，这里能不能演？那个时候学会了管理，学会了排练，学会了应付各种意外”。

另一边，剧团承受着最艰苦的演出环境。很多次，婺剧团下乡进村演出，照明用的汽油灯，灯光开关和大小全靠铡刀手动控制——这种情况，相比百年前的油灯强不了多少。“就在这种环境下走过来，一直到鸽丝灯，再到现在全部可控硅，什么没见过？”

这种来源于最基层的经验，使得王文龙在今后的各种工作中显得游刃有余。“后来在话剧团工作的时候，基本上领导要我完成什么事儿我很快就能办完，再难的也一样，特别是那些别人觉得很棘手的带队演出的问题，我做得很轻松，全是这几年练出来的。”

走入20世纪80年代中后期，港台文化横扫内地，崔健背着电吉他，穿着长褂在工体大声唱起本土摇滚，流行音乐的风吹遍了全国，戏曲演出的日子愈发难过。光景不好的时候，王文龙干脆拉着弟兄们搞起了歌舞团，“流行歌，《一无所有》《心中的太阳》，八十块钱一场”。他靠着戏曲演员从小积累的唱功，支起烟嗓，摇头晃脑地当起摇滚明星，顺利挺进当地十大红歌星榜。

有人觉得王文龙自降了身价，“他们就会觉得我这从戏曲跑去唱流行歌，就不高雅了，俗了，我倒没这观念，唱歌有唱歌的感觉”。对于王文龙而言，戏曲是早早埋下的一颗种子，一辈子也不会忘。

时间总是巧合般地标记着王文龙一个又一个重要的人生节点。30岁，他接到调任东阳文化馆的通知，卸任团长，告别婺剧团。

前前后后16年。按照王文龙的话说，这就是他的黄金时代，而立之年一到，后青春期的诗戛然而止。

离开的那一天，王文龙站在大家面前，话没说上几句，反倒带着全团上上下下哭成了一片。有人的地方就有江湖，悲欣的间隙，某种精神的赓续悄然进行了下去。在他的眼里，自己之于这一帮人，不仅仅是个领导那么简单。“我当时已经把我的年轻一辈培养出来了，我们带那批小班的时候没有一分工资，自己天天带他们练功。”

告别的末尾，现场有人大喊：“龙哥，你去哪儿我们都听你的！”

这种待人如故人的做法，王文龙保持了很多年，从基层剧团，到省级院团，一如既往。这甚至成为他身上一种独有的中式管理的标签。

前阵子，籽溢发现父亲有个爱好，“一到半夜他看见还有团里演员或者谁在发朋友圈，就去人底下评论‘早点睡’，我都怕人家以后会不会半夜发朋友圈还得偷偷摸摸的”。

有一回，王文龙不知道从哪里听说团里的演员魏鹏买房子，首付还差几万块钱。王文龙主动找到他，表示可以从自己的积蓄里拿出一部分先去周转。在朱耀强的记忆里，这种事情出现过太多次。“很多时候其实人家肯定不好意思开口，但他就很关心，主动找去，说要借钱给他们。”

有人形容王文龙对自己有一种“最佳者要求”，做什么都得做到最好。生活上要做一个好人，工作上要做一个强人，之前学表演也要拿顶级奖。“别人顶多想着总得留下点痕迹，他不够，要干就干出名堂来，所以身边知道他的人没一个不佩服，说他群众基础好，那不是随随便便就有的。”这种拼劲铸就的辉煌广为人知，但压力也暗地里成倍地施加在他身上。

那种被焦虑笼罩的状态，只有很少几个人能观察出来。朱耀强不止一次地发觉：“人多的地方他一直表现得很稳，很镇静，但私下里他时常会有面临着很多困扰的感觉，经常就让我觉得他确实太不容易了。”

但王文龙几乎时刻带着一种本能意识，就是不能把自己扔在舒适区里。“说我老工作工作，好像我喜欢得不得了，其实我是抱着一份责任，领导要我做，我肯定得做好，总不能往那一趟，躺到退休。”

2015年王文龙接手浙江歌舞剧院，一人兼任两个院团法人代表，他硬是把自己的精力拆成两半，一边拉着话剧团，一边往歌舞剧院投入，接连创作出浙江省首部原创民族歌剧《青春之歌》、大型现实题材原创歌剧《在希望的田野上》、舞剧《王羲之》、系列小舞剧《生命·舞迹》、一带一路舞蹈专场《风从海上来》、民族管弦乐《富春山居图随想》、中国古典《四大名著》音乐会、打击乐专场《美丽浙江·鼓动钱塘》等作品，这些作品阵列，几乎拿下了所有主流顶级奖项。

但王文龙没有掉以轻心。他深知，全面深化改革的大背景下，冰河全然融化，鱼群会越来越多，竞争也将越来越大。

面壁图破壁

2018年的最后一个夜晚，浙话艺术剧院的座位不够了。有一对情侣在去电影院看《地球最后的夜晚》的途中见到《再见徽因》的宣传牌，临时起意走进剧院，却被告知票已售罄。当晚，浙江大学胡志毅教授发了一条朋友圈，称自己“第一次坐在临时添加的座位上看完了一场戏”。

这样火爆的演出现场足够书写国内转企改制院团的神话，甚至代表了某个彼岸，阳光万里的彼岸。谁游上去了，谁就胜利了——毕竟国内相当一部分院团仍在靠政府拨款和各种形式的包场不温不火地度日。

赞誉和溢美之词将王文龙包围。但他对这些声音显得很敏感：“我也不要什么，我不喜欢那些大又空的东西，没什么意思，所以有的时候，看到那些非常夸张的，我反而会觉得有点不舒服，反正事情就这么做，拔高没必要。”在中央戏剧学院的某个研讨会上，有采访者要王文龙讲讲“院团发展过程中领导者起到的关键作用”时，他的第一反应是，“这有点王婆卖瓜了嘛”。后来，《演艺家》杂志首刊为这个南方口音浓重，脸上常挂着微笑的院团长写下了这么一段描述：“相比于改革上的刚毅果断和勇猛精进，平日里撕掉诸多身份标签的王文龙习惯性地将大部分思绪隐藏在水面之下。”实际上，这反证了王文龙时刻保持着的清醒。

那些过往日子里独自一人的唏嘘，在他的记忆里始终占据着重要的一部分。

2019年的1月1日，所有人都站在新年关口期许未来的时候，王文龙选择在这个时候回望过去，垂首沉思。他在朋友圈罕见地写了很长的一段话，打捞起十年前的一桩旧事。

2008年末。同样是辞旧迎新的间隙，雪飘了一整天。王文龙站在中国美术学院南山校区的小剧场门口，等待观众的到来。当时，身为二把手的他，负责告知观众一个艰难的决定：当日《西湖作女》的演出取消。站在风雪中的王文龙想，待会儿观众来了，就向他们解释：演出因为特殊原因被迫取消，演出票照价退还。

一个半小时过去，雪越下越大，却没有一个观众赴约。实际上，直至演出开始之前，这部戏只卖出了两张票——这也是演出取消的真正原因。临走之前，王文龙拍拍身上的雪花，接受了现实。“杭州的演出市场里，基本没有话剧的位置。”

当时，王文龙在团里主要承担剧场运营、演出营销的工作，经常带队跑演出。在此之前，王文龙一直从事与戏曲相关的事务，话剧对于他来说是一片无比陌生的领域。“我刚到那会儿都不懂，也讲不上喜欢，都没看过话剧这个东西。”彼时的话剧团班子很小，总共不过四十来人。“我在浙江京昆艺术剧院京剧团的时候，开个会都能拉八九十号人。”

王文龙当副团长的那段时间，有点卧薪尝胆的意味。“主要是执行上级意志，也把话剧团的基本情况在这么多年里自然地弄清楚。”在这过程中，他渐渐摸清了一个普遍规律。“省团，条件好，但是经营能力差，市场意识也不强，还排斥走市场这条路，觉得自己是艺术家嘛，总觉得想钱什么的很俗。”

大环境里，话剧团不温不火地度日。用今天的话来说，这样的状态是“吃不饱，饿不死”，但居于二把手的位置，王文龙在更多时候是将想法咽在肚子里。

在历史上，浙江话剧团的前身可以追溯到新中国成立初期的文工团，延续几十年下来，王文龙认为前辈最大的创举是做了儿童剧这个品牌。“虽然儿童剧的内核还是小了一点，但用它至少保证了话剧团的存在。”差额拨款的状态下，浙话用儿童剧在市场上站住了脚跟。

彼时，话剧团去上海的各个剧场做儿童剧演出，通过打通地方教育系统，和许多学校建立了稳定的观演关系。“学校组织学生以比较低廉的价格观看剧目，这样剧团就能一直有收入。”那个年代，像浙话这种模式运营的剧团还有很多，有一段时间，上海甚至成了全国儿童剧的集散中心，鼎盛时期还成立了专门运作这类事务的儿童剧演出委员会。“所以在上海我们一进去一待就是一个月，一演就是几十场，而且我们的儿童剧是免检产品，那个时候日子过得不错。”

而话剧创排却屡屡受挫。顶着话剧团的名号，却连一部叫得上名的话剧都没有，这是当时包括浙话在内的许多地方话剧团的状况。

更为尴尬的情况是，儿童剧的市场风险，实际上是“非市场”的。后头的几年，随着全社会对于儿童人身安全的重视，教育部门文件一个接一个地发，学校秉持安全第一的理念，纷纷取消了组织学生赴校外观看演出的活动。“一个阶段有一个阶段的状态，那会儿一下都不出来了，我们搞儿童剧也就没之前那么风光了。”

时间就这么过着，王文龙终于站在2008年岁末的剧场门口，望穿了那一场迟迟没有结局的雪。

这一年里，中国度过了自进入新千年之后最为刻骨铭心、悲欢与共的一年，人们经受了跨过那些悲情四溢的裂谷之后的怅然失语，也凭借休戚与共的精神用不无笨拙的勇气点燃了火把，为世界贡献出一个稳定的坐标，更重新拼贴、缝合、收纳起所有苦乐交织的瞬间，整装待发。

之后，昔日泡沫中的种种美妙光洁不复存在。经济下行的压力里，“保8%”口号响起，为了缓冲世界金融危机对中国经济的影响，防止经济加速下滑，钢铁、汽车、纺织、装备制造等十大产业振兴规划应声落地；继而，文化产业也迎来了新一轮的曙光。

2009年夏天，新中国成立60年来首部全国性的文化产业专项规划——《文化产业振兴规划》出台。站在今时今日的角度回望，《规划》无疑在当年对我国应对经济震荡、推进文化产业发展、带动经济结构调整有着重要意义，同时也意味着文化产业经过多年的探索性发展，将迎来一个历史性拐点，将进入一个高速增长期。

隆冬里没有等来观众退票的王文龙，在新一年等来接力棒，成为浙话团长。而他很快发现，一波前所未有的洪流紧紧跟在他身后，将他推上了一条前人从未踏足的道路——不到两个月后，浙江进一步推行文化体制改革，浙话作为首批三个改制试点的文艺院团之一，一夜间经历了转企改制的阵痛，铁饭碗碎了一地，王文龙这位浙江话剧团最后的团长，也同时成为浙江话剧团有限公司的首位董事长。

至今，整整十年。时间的潮水里，那座在2008年令王文龙心酸不已的小剧场已经被拆除，永远消失于杭州的建筑时空序列里。而那一年风雪里的结局，他觉得只有这十年出现在浙话艺术剧院里的一排排加座才能算完满写下。

新年里剧场的热闹情景，也恰恰是蒸蒸日上的集中体现。在王文龙的努力下，改制后，浙江话剧团的新作品创作由此前的一年一部提高到一年5部至6部，演出场次从改制前的450场逐年上升至800余场；票房收入由改制前的312万元逐年上升为1800多万元；职工平均年收入从改制前的7.8万元增加到16万余元。

定沉浮

有人形容王文龙靠儿童剧守领土、靠民国戏树品牌、靠主旋律打江山。这在某种程度上集中概括了这十年里他走过的路。

没有什么辉煌是能够一蹴而就的。树立品牌的事儿，要从王文龙遇上导演李伯男说起。那时候，李伯男刚以《有几多爱可以胡来》等几部小剧场话剧在市场已经比较稳定和成熟的北京打开的名声，票房表现可圈可点。一次偶然的闲谈中，广州话剧团团长王筱頔向王文龙介绍了这个三十出头的年轻人。

李伯男的作品，大部分都以都市男女为原型，紧扣当代年轻人的“软困境”，对于剩女、隐婚族、经济适用男等群体的刻画，无疑是一面横陈于都市的镜子。王文龙觉得，这些题材不仅有热度，也特别适合走市场。做商业，是院团改制后一个良好的发展方向。一段时间后，李伯男戏剧工作室落户杭州。

这之后，浙话以一年上两三部话剧的速度渐入佳境，票房虽然没有特别喜人的长足进步，但王文龙感到进入状态了。“市场不是一天形成的，创作者、表演者、观众等等多方培养，一定会有出头的一天。”

而民国戏的想法，在2015年由昆曲界“巾生魁首”汪世瑜监制、李伯男导演的《怜香伴》上演时便产生了。“当时这戏反响不错，尤其是里面讲上个世纪的部分特别受好评，我就在想，要不多尝试这种风格的戏呢？”浙江是有这个土壤的。在上个世纪初的民国时代，一百个名人里，一小半都是浙江人。“放眼到全国话剧界，我们不可能跟北京人民艺术剧院比，他们是北京味的现实主义风格，也不可能跟国家话剧院和辽宁人民艺术剧院比，我们江南戏剧就稍微搞一点有韵味的，搞一点有江南气质的。”伴随着这个想法的落地，“浙话新势力”的招牌渐渐成形。

近几年，王文龙甚至在若有若无地以一部分民营企业的管理方法运作浙话。对于改制后的院团，亟须解决的问题，是活力如何释放的问题。他尝试着尽量以市场派的眼光去对待整个公司的运营，主旋律和民国戏两条腿齐迈进，多方效益兼顾。

做自己想做的戏很容易，瞄准市场、合理发力即可，投资体量也不大。但主旋律的戏影响因素却很多，回想改制后遇到的几乎是迄今为止最大的困难，就是策划第一个主旋律项目：创排政论体话剧《谁主沉浮》，献礼建党90周年。作为一部革命历史题材的话剧作品，它可以被视作一种崭新的话剧样式，有别于一般的献礼剧目，鸿篇之下，《谁主沉浮》没有游走于溢美段落当中，反以严谨求实、理智清明的主线重视党的“一大”和建党先驱的不同命运，达到了诗与史的辩证。

《谁主沉浮》专家座谈会

但一开始差点

难产。当时宣传部那边觉得意识形态有问题不让演，差点扼杀掉，话剧团这个项目夹在当中随时可能牺牲。最困难的时候，王文龙独自一人拉着行李箱去北京找主创谈，心中的焦虑无处能言，他只觉得，必须咬牙坚持住。“花了很多钱，全集中力量砸在这个戏上面了。”这种多少带着点孤注一掷的况味，是每个领导都有过的难捱时刻。

后来，这部戏拿下了国家舞台艺术精品工程（2010—2011年度）年度重点资助剧目、中国艺术节文华优秀剧目奖、全国话剧“金狮剧目奖”、2011全国现代戏优秀剧目展演剧目、2015国家艺术基金传播交流推广项目等一系列荣誉。这部剧是浙江话剧团改制后对主旋律作品市场化的首次尝试。

作为全国现代戏优秀剧目展演剧目赴京演出，《谁主沉浮》首演便一口气在人民大会堂安排了五场。很多人都以为，主旋律剧目在人民大会堂的演出是政府组织观众观看的，而事实上，王文龙为这次演出的票跑了很多趟。“戏是作为重点戏演出，但是你观众票房得自己去做，当时五场一共五十多万，我一个人跑了三十多万，谈了艺校的包场、企业的包场，最后的情况总体是特别好的，拿到几十万的利润。”

以董事长的身份，带着一部浙话创排的大型主旋律剧目走上人民大会堂的舞台，全国瞩目。这对于王文龙来说有非同寻常的意义。某种程度上，重回人民大会堂的他，以这样的身份，对20多年前舞台上的那个自己，敬了一个峥嵘的礼。

下一块陆地

2018年下半年起，王文龙尝试通过健步减肥。他坚持每天一万步以上的运动量，常常登顶朋友圈的步数排行榜。往返于话剧团和歌舞剧院的时候，王文龙不坐公交也不开车，就靠走路。有空的时候，他甚至步

王文龙履新浙江演艺集团有限责任公司党委书记、董事长、总经理

行上下班，假期则在家附近慢跑。在朱耀强眼里，王文龙属于行动力和目的性都很强的人，说走就走。“他这方面确实很强大，定力特好，基本那个时候决定说要减肥，就这么一天天坚持过来了。”迈入新年的时候，王文龙甩掉了30斤肉。

这种性格同样体现在人生观和事业观上。王文龙不断有新想法、新目标。近两年，随着文化体制改革的持续深入，王文龙希望能够整合多方资源，构建一个更大的区域性演艺机构。

这个想法得到了浙江省文化部门的支持。2019年夏天， 浙江演艺集团有限责任公司干部大会召开，浙江歌舞剧院有限公司、浙江话剧团有限公司、浙江曲艺杂技总团有限公司共同组建演艺集团。履新集团公司党委书记、董事长、总经理的王文龙坐在台上，目光坚定。接过省文化和旅游厅厅长褚子育“大有可为、大有作为”的勉励，他像御马出征前的宣誓一般，接连抛出“弘扬中国精神”“传播中国价值”“凝聚中国力量”三个词，将集团的目标雄踞于全国的视野当中。末了，他的语气愈发掷地有声，在偌大的浙江音乐厅里不停回转，一道隐形的战幕渐渐扬起。

从最基层的婺剧团演员成长到区域性的演艺集团掌门人，王文龙的人生里，永远有下一个目标，永远步履不止。

“搞笑”背后的厚重

刘洪涛　北京开心麻花娱乐文化传媒股份有限公司 CEO

如果给开心麻花CEO刘洪涛画一幅速写，那圆脸、眼镜、和蔼的微笑，一定是必备的三元素。

这位CEO的性格比较佛系，只要不触及底线大节，基本上诸事随心、百无禁忌。他当然不可能在所有事情上游刃有余，但总是以一颗平常心看待人和事，凡事不强求，大家都觉得合适就好。

给他吃闭门羹的人不多，也许上海大剧院的保安算一个。

百无禁忌

2011年下半年，志在开拓上海市场的刘洪涛在当地考察几日后，认准了开心麻花在上海的第一次亮相就应该选在最牛的剧场——上海大剧院。

之前刘洪涛跟剧场打交道，基本都是敲门进去就谈，谈完就走。结果到了上海大剧院，他被保安拦住了。按规定，没约人，谁都进不去。尽职尽责的保安就这样把刘洪涛挡在了门外，但告知他，可以给大剧院负责对外洽谈场地的部门打电话询问，还帮他拨通了内线电话，但对方并不知道开心麻花是干吗的，让先发公司简介和剧目介绍过去，然后剧院再考虑是否合作。

电话里一番沟通，刘洪涛觉得这样走流程的结果太不确定，也没进剧院直接就走了。

这种方式行不通，自有其他办法。

刘洪涛毕竟在上海工作过，各个圈子里有好多朋友。因为有朋友的推荐，上海大剧院对合作很上心。2011年底的一天，刘洪涛在北京突然接到电话，是上海大剧院的高管打来的，原来，上海大剧院两位领导当天到京出差，就住一晚，决定去“考察”一下开心麻花的戏，问问有没有票。

刘洪涛当然要表示欢迎了，但放下电话，他就在想去哪里找到两张票。熟悉开心麻花的人都知道，岁末年初，开心麻花的票几乎都是提前一个月售罄。他心想，大不了委屈一下客人，到观众席后方的灯控室看戏。

在接两位上海客人去剧场的路上，刘洪涛心情忐忑地把实情告诉客人，因为都是做演出的，客人非常理解，说没关系，坐哪里看都行。

到了剧场，刘洪涛又百无禁忌地做了个尝试——他让同事去找黄牛。最终，还真搞到了两张票。虽然不挨着，但丝毫不影响二人欣赏话剧《旋转卡门》。

“我们从不跟黄牛打交道的，因为黄牛的存在，是对市场秩序的干扰，但为了上海客人，我做了一件违心事。”多年后说起此事，刘洪涛语气中略带一丝芥蒂，和调皮。

上海来客看完演出，回去

舞台剧《旋转卡门》海报

舞台剧《乌龙山伯爵》海报

就给刘洪涛打电话：大剧院同意给开心麻花排期！这可是一个非常好的消息，要知道，大剧院的档期都快打破头了，这座水晶宫一般美丽的剧场，是演出人心中的圣殿。那时候文化广场还没开业，大剧院下半年要开始为期一年的内装修，所有演出都集中到了上半年。

具体日期，要根据2012年档期细化。等到2012年初，开心麻花还真等来了大剧院的反馈。

对方语气中似乎带有歉意，问刘洪涛："只有清明节的三天档期，可以吗?"

刘洪涛没犹豫："当然可以。"

于是，开心麻花进军上海的"头炮"戏，爆笑喜剧《乌龙山伯爵》，就在一片扫墓祭祖、踏青游春氛围的清明节档期上演了。演出地点，正是上海大剧院1600座的正厅——一个基本只上演国内知名院团或境外著名团体剧目的高规格之地。

之后就是为此进行的两个多月的营销，开心麻花和刘洪涛的人品爆发，新闻界的朋友纷纷热情捧场，演出同行也热情支持，一切都在按照计划推进。更难得的是，北京的十位粉丝感受到了开心麻花对上海演出的志在必得，竟然自发组织起粉丝观演团，陪同剧组远赴上海，自费负担往返机票、酒店、演出票，这在话剧领域似乎是破天荒的事。

4月4日第一场演出，刘洪涛坐在观众席中，悉心感受周围观众的反应，和观众一切欢笑一起感动，心里却是万般滋味，这一仗真的很漂亮，除了天时，开心麻花占尽了地利人和。

在刘洪涛看来，许多事就是成在人缘上，之前在新闻界深耕多年，与上海同行的交情自不待言，那时自媒体还不像今天这样实力强大，传统媒体的影响力如日中天，主流媒体的热情宣传为开心麻花的上海首秀做出了最好的铺垫和预热；许多演出同行都是初相识，也许就是有眼缘，都愿意毫无保留地支持开心麻花进入上海；在内部，更是众志成城，导演、演员们早就憋足了劲儿，齐声声地说，去上海就要最强阵容，于是，导演闫非、彭大魔，主演沈腾、马丽、艾伦、常远、王宁、杜晓宇、杨沅翰等开心麻花最优秀的演员齐刷刷亮相上海大剧院舞台，真的是惊艳亮相，非常精彩；而开心麻花的演出执行团队、营销销售团队当然是拼尽全力。

演出结束，主创、主演在谢幕，观众席掌声雷动，刘洪涛意识到，开心麻花在上海站住了。

选择清明节档期演喜剧，不是“任性”。2010年，开心麻花已经在北京有过清明节档期成功演出的先例经验。开心麻花进军上海，刘洪涛执意要选当地最好的剧场开“头炮”。多重考虑下，选择上海大剧院的清明节档期，是他闪转腾挪时保持从容练达的体现。

百无禁忌不是“浪”。在演出实力之外，开心麻花团队的团队意识、兄弟情谊、品牌观念等等，在这次演出中展现得淋漓尽致。

这种随性和坚持同样也是刘洪涛在团队内部沟通交流的风格。

2013年，开心麻花计划向电影领域拓展，刘洪涛跟团队的话剧编剧、导演闫非、彭大魔交流，希望他们能创作出开心麻花的第一部电影。两人给张晨和刘洪涛讲述了他们构思的一个很有意思的故事，张晨、刘洪涛一听是个好故事，就同意两位年轻的导演推进剧本创作。之后一个月左右，两位导演拿出了让大家非常满意的故事梗概，然后就进入了最艰难的分场大纲的创作阶段，两位大才子答应两个月交稿，但没完成，然后又是两个月，还没完成。

7月初，刘洪涛对两位导演建议说，艺术创作是从无到有的过程，你们都是追求极致完美的人，稍有一点不满意你们都不会出手，所以这个从无到有就充满了不确定性，因此建议你们暂时放下这个项目，调整方向，将话剧《夏洛特烦恼》改编为电影。但两位导演诚恳地说，目前所有注意力都在这个新故事中，如果搁置，就有可能永远找不回来了，再给我们一段时间吧。于是大家约定，两个月后交稿。充分保证创作团队的自由空间从来都是开心麻花的共识。

2013年9月1日，到了交稿的日子，刘洪涛会同开心麻花两位创始人——张晨、遇凯一同约见两位导演，但是大纲依然没写出来。

刘洪涛问还需要多少天。

再有十几天也许二十天，一定好了！两人如同欠了债。

三位大佬沉默不语。

刘洪涛打破沉默："咱们打个赌吧。"

他对两位主创说出这个提议时，两位脑洞清奇的才子也不由一愣。

"也别十几二十天了，三个月，再给你们三个月时间。"刘洪涛"随性"起来——三个月内，两位主创如果写好了新剧本，刘洪涛就输给两人每人五万块。两位主创若输了，每人输五万块给刘洪涛。遇凯说自己也出五万，别让老刘一对二。张晨起哄建议翻倍，每人十万。刘洪涛谨慎地往回拉了拉，说就每人五万吧。两位主创连连摆手："这不相当于给我们俩白送吗？我们本子已经成型了。胜之不武啊。"刘洪涛哈哈一笑："本子真出来，输钱我也高兴。只有一个条件——三个月后，如果你们本子没出来，啥也别说了立马去改编《夏洛特烦恼》。"两位主创齐声答应。

三个月后，新作本子真没出来，两位导演背着十万现金走进刘洪涛办公室，刘洪涛说，钱不能要，但事情得按约定的做。两位导演二话不说去履行诺言了。

运营和主创的分歧，最终通过一个铺垫很长的包袱轻快地消弭于无形。这很"麻花"。

从这部电影的拍摄过程中，可以管窥这一民营文艺院团迅速在国内口碑票房两线大捷的原因。

舞台剧or大银幕?

考虑到是改编开心麻花早已演熟的舞台剧，刘洪涛就没让两位导演写梗概——而是直接写分场大纲。写好后，开心麻花这部电影的合作伙伴新丽请来了几位专家来共同讨论，给导演提建议有人提出了问题：作品从话剧改过来，目前看来，舞台感太强了。有人接茬建议：能不能别做故事片，做舞台电影——就是以前于是之先生那版《茶馆》类型的舞台电影。

电影，还是舞台电影？这是个问题。

刘洪涛得拿个主意了。

会场里你一言我一语，刘洪涛陷入了沉思。

他经常沉思。

第22位员工

刘洪涛打小就是个安静的孩子，爱看书，父亲在报社，母亲在大学，他是这两家单位图书馆的常客，但图书馆文学读物的更新速度，显然跟不上这个孩子野狼般如饥似渴的阅读速度。

这是一个数学题里常见的进水管与排水管相互较劲的典型问题。刘洪涛没法控制自己的阅读速度，于是就有什么看什么，他父亲是文艺副刊编辑，每上映一部新电影，电影发行公司都会给他父亲一本电影分镜头剧本。虽不是小说，毕竟人物情节环境俱全，读起来也是故事。分镜头剧本就这样滋养了一个孩子的精神世界，并让这个孩子同电影的缘分愈发深厚。三十多年后，大学同学们聊起来也都说老刘当年就喜欢电影，如今兜兜转转，真干起自己喜欢的事了。诚然，当年在中新社做高管时，刘洪涛已展现出对视频画面的偏爱，而在视频新闻业务方面从内容制作到供稿合作的开拓创举，更是给单位带来了一条新的产品线，并为单位深远的网络影响力添了一把火。

做媒体人时，刘洪涛早就涉足影视业务，只是天时没到。拍出过《留守孩子》等华表奖提名作品的南海影业，成了他媒体生涯最后一站。

对于离职，刘洪涛可以说想了挺久，但迟迟未行动——并非因为性格或决断上的纠结，而是因为一方面单位领导信任有加；另一方面，他既不愿循着一条已经可以预见结局的坦途走到退休，又希望给现有工作植入一个质变的良性发展基因后再走，以报单位知遇之情。

他做到了。

临走之前，刘洪涛终于将自己多年呼吁的电视新闻做出了品牌。2007年，“中新视频”项目正式启动。彼时单位严格意义上来讲尚无电视新闻资质，刘洪涛决定不碰政治，带着人马做社会生活类的电视节目。为此，他写出了数十页非常细致的记者守则——从记者的价值观、从视频新闻的内容到形式，都做了详细说明，并以此对全国分社进行培训。“特种部队”训练好一出手果然技惊四座，生产的视频内容很抢手。卖给国内新闻门户，卖给境外新闻网站，甚至获得了来自官方的项目拨款。国内一家知名视频网站的总编辑惊呼：这是中国最领先的视频新闻，并在内部建立团队照猫画虎学习中新视频推出网站自己的新闻产品。到2009年底，队伍形成了，风格确立了，资金有了，市场有了，刘洪涛觉得自己可以踏踏实实地、没有任何心理歉疚地离开了。

2010年7月，刘洪涛正式离开了体制。多年后回忆当时，他感谢爱人给予了自己巨大的支持。毕竟，用他日后的话说，那时已经44岁了，下海其实很晚了。

辞职后，一个现实的问题随之而来：应该干点儿啥？

刘洪涛表示，需要好好想想再说。

是的，一位阅历丰富的职场老鸟，在没预先找到下家时就潇洒辞职了。

后来，接受国内一家杂志采访时，刘洪涛坦承，从单位辞职“貌似率性而为，其实我对自己很有信心”。

刘洪涛善解人意的妻子一点也不慌，超然地鼓励老刘从心所欲。她了解并理解丈夫。

现实不容刘洪涛多想，多方的橄榄枝第一时间伸了过来。香港一家大公司延揽刘洪涛去做总裁，年薪相当可观。

刘洪涛依然不紧不慢，慢条斯理跟人家谈，还要来财报细看，一番晤对，老刘表态：不去。

多年后谈及此事，刘洪涛并不细说婉拒原因，只说爱惜自己的羽毛。

刘洪涛一度想自己做一家给互联网提供视频内容的公司，直到他和张晨、遇凯的一次闲聊。

遇凯是刘洪涛在北京大学的学弟，两人上学时就像兄弟一样，毕业后一直保持密切联系。遇凯后来和张晨创办开心麻花，刘洪涛一直关注着。一次，刘洪涛同两人闲聊起自己辞职后想创业的想法，两人当即表示：与其你自己做，还不如到我们这儿来！我们俩虽然以前就打过你的主意，但开心麻花庙太小，不好意思说。如今，开心麻花正缺一个总裁。

刘洪涛想，话剧是个陌生的领域，喜剧更是从未涉足，但自己在影视方面的积累也许会有帮助，当然更重要的是，他喜欢与朋友一起创业，他信任面前这两位朋友。便跟两人说，可以考虑接受，希望先熟悉一下情况，如果自己觉得能够胜任，就接下来。如果试水发现不行，就不耽误你们的事儿。

试着接手了一阵子，刘洪涛心里有了底。2010年9月，和平里北街一个居民小区，当年开心麻花的办公室里，一个简单而有趣的欢迎仪式后，刘洪涛作为第22位员工，正式成了开心麻花的一分子。

冷·暖·热

那时的开心麻花虽然在舞台剧领域已经有了一定的品牌影响力，沈腾、马丽、闫非、彭大魔、宋阳等黄金班底已经成型，但规模很小，2009年才首次突破百场演出。新来的总裁四下一看，北京民营话剧诸强林立，跟张晨更多讨论的是怎么让开心麻花生存下去。他们决定，首先从扩大演出量开始。2010年，开心麻花演出达到了210场。其次，主动到外地去开设子公司，首选深圳和上海。2011年、2012年，团队果然在深圳、上海分别落实了这一计划。对子公司涉及的诸多事宜，比如选择什么样的剧场，选择什么样的合作方，档期演多少场，演什么戏，刘洪涛胸有丘壑、兵来将挡。正在全力铺开之时，突然上演了一段意外的插曲——

2011年9月，2012央视春晚节目组语言类节目总导演汤浩找到开心麻花，希望他们选送小品参加春晚节目竞审。

事实上，早在两年前，开心麻花就参与过春晚小品的创作，但多层审改流程下来，作品风格变得非常不“麻花”。团队考虑，如果不能体现自己风格，不如不上，于是主动退出。

这次，真诚的春晚总导演哈文，以及汤浩导演表态：鼓励开心麻花展现自己的风格，只有一个要求，要在大年夜给全国观众演一出没有批评但有温暖的喜剧。

刘洪涛没有拒绝，让闫非来写本子。闫非说不知道哪块云彩能下雨，努力争取吧。因为在此之前，开心麻花其实一直擅长创作讽刺喜剧。怎么做“温暖”的喜剧，他们没有什么经验。

此前，2011央视小品大赛一位导演通过订票电话邀约开心麻花报送作品参赛。开心麻花的几个演员仓促报了个作品过去，结果没过，但评审组觉得演员们的表演令人耳目一新，打电话来让重新创作。这几位演员一直没有创作出满意的作品，决定放弃。张晨、刘洪涛一听不行，说央视的这次大赛还是要参加。

大伙儿一番讨论后，决定将2010年底贺岁剧《乌龙山伯爵》开幕的“售坟”片段改编成小品。大伙儿觉得好是好，就是对尺度表达了担忧，不确定央视会否同意。但央视导演说选题没问题，就是给小品改了个题目叫《落叶归根》。后来，常远、王宁、艾伦凭借这个作品在比赛中大获成功，也在网络上一时风头无两。时至今日，央视还不时重播这一经典作品。

看过这个作品的观众都会对里面关于楼市、城管、户籍乃至人性的调侃印象深刻。这段普及度极高的作品，基本上代表了开心麻花前期一贯的作品风格——讽刺现实、黑色幽默、笑中带泪。

“温暖”的喜剧怎么做？开心麻花的主创们真的有点拧巴了。

闫非毕竟是闫非，本子出手不凡，大家一看都觉得好。送给春晚节目组，央视领导看了也称赞，说是年轻一代喜剧精神的代表。极具创新意识的哈文导演也一直尽力保护开心麻花的风格。于是，全国观众在2012年的春晚舞台上看到了小品《今天的幸福》，第一次认识了从电视机里穿越出来的“郝建”。

这次“温暖”的转向，不仅为开心麻花的全国推广战略刮了阵东风，还让开心麻花连续多年在春晚舞台上创作了《今天的幸福2》《扶不扶》《大城小事》《其实你不懂我的心》等经典作品，更关乎开心麻花日后在电影方面的质变性突破。

多年后，刘洪涛回忆起开心麻花第一部电影《夏洛特烦恼》时，还会追溯到《今天的幸福》这部作品。

若论开心麻花做大的质变节点，或许不同的观察者有各自不同的答案。但第一部电影——票房口碑双丰收的《夏洛特烦恼》，绝对是绕不过去的大事件。

这部电影的成功，不仅是总裁刘洪涛执掌开心麻花后的第一次现象级重大战果，更是开心麻花的质变性突破。

而这部意义重大的电影，诞生过程可谓一波三折，差一点在延宕、讨论中误入歧途。

没错，刘洪涛此前的“十万赌局”，就是为了它；开心麻花请来多方代表一起研讨，就是为了它。

如琢如磨

回到2014年的会场。

改编电影的讨论仍在继续。

做电影，还是舞台电影？

半天没说话的刘洪涛表态：做电影。

老刘对众人表示，目前各位看到的只是一个分场大纲，所以会觉得有很多很多问题，与想象中的好电影差距很大。但是，我们这个团队知道，怎样将一个毛坯打磨成好作品，我们的舞台剧就是这样走过来的。我们坚决不做舞台电影，这就是一个电影。另外，法无定法，我不认为电影是一成不变的。希望大家同意让两位导演回去写剧本一稿，写完一稿再讨论。

不到一个月，一稿出来。合作伙伴看了剧本，每个人都笑得合不拢嘴。

刘洪涛和沈腾

还算顺利，刘洪涛想着，2014年8月开机，有可能赶上2015年3月的档期。事实证明，刘洪涛不是会算卦的妖精，事情的发展超出了他的预估。有印象的观众都记得，《夏洛特烦恼》是2015年国庆档上映的。

一个战略预判很准的总裁，为何算错了时间？

电影制作周期总体比预估得要长。

开心麻花真想拍电影，而不是凑资本的热闹。所以制作过程中，不断“为难自己”。

2012年底，开心麻花团队在包场看完徐峥导演的《泰囧》后，决定正式进军电影业。有了这片初心，刘洪涛他们真是把《夏洛特烦恼》当作大招来“憋”的。

组建制作团队上，刘洪涛就费了一番心思。摄影师，找了霍建起导演的御用摄影——孙明，因为导演想找一个文艺片的摄影师。孙明提出先看剧本，看了之后便立即表态“一定参加”。美术师，找了《钢的琴》的王硕。王硕跟《夏洛特烦恼》的闫非、彭大魔两位导演都是东北人，三人初次见面就一见如故；制片主任，刘洪涛选了柴飞。

团队基本找齐后，柴飞就去找拍摄地。

三军易得，大将也找齐了，偏偏拍摄地难求。为了找到导演心中的“学校”，柴飞跑遍东三省都没能如愿。因为电影中1997年的中学校园里没有塑胶跑道，而现在的中学都有。拍到电影里，一下就从“穿越”变成“穿帮”。柴飞最后搜山检海，终于在旅顺找到了一个荒废的培训中心，格局跟导演画在图纸上的理想样式几乎一样。

万事俱备。4月底建组。8月8日开机。

那么，中间这3个月他们在干什么？

他们在讨论剧本，画分镜，还有其他筹备工作。

北大中文系出身的文艺中年刘洪涛跟导演、摄影逐场讨论剧本，讨论拍摄方案。讨论的时候刘洪涛提出“得画分镜”。

“分镜”是他的建议，毕竟，当时的中国导演，多数都不画分镜。

结果摄像跟导演都特别赞成。于是又找了两个分镜师，严格按照好莱坞的标准，从第一个镜头到最后一个镜头，全画了分镜。

冥冥之中的天意，当年那个如饥似渴翻看分镜头剧本的少年，如今拍起了电影，开机前还找人画起了分镜。

开机后，导演和演员们每场就照着故事板拍，效率非常高，正所谓“磨刀不误砍柴工”。当然，这是一个喜剧片，导演、主演在现场有许多灵光一现的奇思妙想，这并不在故事板的预先计划内，但不管怎样，开心麻花的电影，从一开始就试图按照世界电影工业规律来制作，这种思路今天看来，是超前的。

2014年10月份，电影杀青。刘洪涛意识到，冲击3月档恐怕来不及了，遂推到2015年5月档，后来又推到7月，再推到国庆档。

后期制作，花了将近一年——没办法，导演精益求精，开心麻花团队上上下下都支持。

有一个镜头，从四个同学家的窗前摇过。为了几秒钟的一镜到底，剧组专门搭了一个四个家庭的景。影片开头那场婚礼的戏，是导演拍完不满意，又重拍的——当时租约已到，剧组重新租场地，重新布景，真的就重拍了一遍。直到电影拿到龙标已经可以发行了，导演再一次提出补拍，影片结束时片尾曲响起，夏洛冲进去拥抱马冬梅，歌还有大概一秒钟，但画面没了，导演越看越觉得不舒服，认为情绪没推到位，于是犯了“痴气”，又想重拍。

剧组终于重拍了三个镜头。他们拿已经通过的版本去做路演，而公映时是修改后重新送审并获得龙标的版本。观众由此才得以看到跪搓板、菜场买菜、打麻将三个温暖催泪的镜头。

玉汝于成

慢工细活出来的片子，一开始并不被看好。有的预估票房是三百万，有的估几千万。刘洪涛再三佛系：反正第一部，赔赚无所谓，只要口

碑，不奢求票房多少。

稳定军心之外，刘洪涛也负责解决一些技术层面的难题。

宣发上难做，刘洪涛就动员多年来开心麻花积累的忠实话剧观众，让他们去捧场，口碑相传。结果在排片不利的情况下，票房一天天翻番地暴涨。

都说“万事开头难”。结果开心麻花第一部电影票房14亿多元，网络观看量超10亿人次。爱电影的开心麻花团队，破釜沉舟第一场硬仗，甫一出手便为观众们奉上了一部经典。

初期极低的排片率同高额票房的反差，靠内容而非炒作吸引“自来水”，后来麻花推出的《驴得水》《羞羞的铁拳》等风格多样的喜剧电影频频带来惊喜……成了行业内外津津乐道的话题。

电影《羞羞的铁拳》票房收入第 21 亿元海报

成绩之前，刘洪涛“佛系”清醒。他曾在一次访谈中专门强调，开心麻花的成绩靠的是团队而非某个人。况且，公众看到的是千军万马杀出来的那几部，看不到的是开心麻花枪毙剧本特别多。无数演职员表以外的人，为开心麻花香飘四方付出了艰辛的努力。即便刘洪涛他们心存感激，但作品至上的准则之下，也时常难免要做出“没办法讲究人情”的选择。

从这里面多少能够感受到刘洪涛的沉静“佛系”。当然，他也时刻做好了露出“牙齿”的准备。

毕竟，说一位有几十年经验的老记者不尖锐，便如同说美国某总统彬彬有礼一样令人难以信服。

刚到开心麻花几个月，刘洪涛就雷厉风行了一把。

某子公司一直赔钱，在北京团队去演出连演出费都不要的前提下，分公司还在赔钱。这让刘洪涛大为恼火。他跟张晨说了句“我来处理这个事”。他去该市考察回来后，做出了两个决定：换总经理、换剧场。

在他眼里，当时的剧场其实只能算是个讲堂。地理位置不佳，四面漏风，长方形格局，观众席不错位，观众感受不佳……只有一个优点，便宜。

换人如换刀，分公司焕然一新。

分公司运营确实让刘洪涛付出了许多心力。以至于每每谈起各地分公司时，刘洪涛如数家珍。

对于一些中部大城市，刘洪涛为开心麻花制订的计划是：一年去几次就行，不能去太多。他分析起票务来，也是尖锐又有趣。比如，通过分析郑州的购票情况，他得出该城市话剧购买力弱的结论。因为卖票情况两极分化。最贵的和最便宜的票大多被买走了。这是因为最便宜的票是真正的观众自己买走的；而最贵的票是单位消费。没有中间层，这样的城市就需要很长时间的培养。

刘洪涛出席清华大学“清乐华章”活动

出走·出彩

开心麻花这块土壤有自己独特的“生态”——以创作过程为例，刘洪涛透露，当开心麻花一个编剧有了初步构想时，会向开心麻花艺委会做一个阐述，大家一人一票少数服从多数决定是否通过。通过后进入分场大纲的创作阶段，功勋演员们常会被拉来出谋划策，细化分场大纲后，再次投票表决。成就立项，不成就废止。导演、编剧和演员都会一起参与排练，随时集体碰撞，常常火花四溅。据说在开心麻花的排练厅里经常会出现这样一幕：十几个演员和编剧、导演一起发呆，有时一愣就是一两个小时——那是大家觉得哪一句台词或哪一个方案、哪一个细节过不去，在一起殚精竭虑。

刘洪涛登上《时尚先生》杂志

开心麻花让话剧走下了高高在上的艺术神坛，把渐渐对话剧失去兴趣的年轻人重新拉回剧场。有趣的是，这同样可以用来概括刘洪涛的人生选择——功成名就的“大叔”跳出了体制的“铁饭碗”，去拥抱广阔市场的年轻人——当时看，这是一个颇让人心惊的故事开头；如今看，这个故事带着轻松幽默的写意；从未来往回看，刘洪涛们拧成的开心麻花，必将生发出厚重的历史感。这份厚重来自于一个民营院团的上下求索，以及求索路上那些宽厚却又苛刻、佛系却又较真的义无反顾之人。

比如刘洪涛。

医学博士的演艺梦想

耿军　深圳市聚橙网络技术有限公司董事长

直到2017年去世之前，母亲都会坚持帮在外创业的耿军做好行医执照的年检。耿军每次的职场择业，老人家基本都不同意——她始终期待着儿子像自己一样，做医生。

虽然很不理解儿子为何做医疗网站、做零售企业，甚至把“卖票”作为事业，却就是不愿继承家学，去做医生。不过既然质疑无效，家人也就渐渐地从不理解变为支持了。

不理解耿军的人很多。毕竟，一个20世纪90年代出国留学拿到博士学位、又在国外做了两年医学博士后的高级知识分子，最终选择回国创业，几经周折，创办“聚橙网”，干上了“卖票”的生意，无论谁都不会以平常心视之。

“你一个博士卖票，跟人家高中生卖票，有啥区别吗?”有人直来直去地问。

“有啊。”耿军心平气和地回答。

第一次创业

性格安静的耿军是个学霸。考大学时几经权衡，在医学与计算机中二选一，选择了学医。1991年，这个23岁的北京孩子赴美进入得克萨斯大学休斯敦医学院，攻读医学博士学位。顺利毕业后，这位来自中国的医学博士在母校又做了两年医生。这期间有慧眼识珠的教授想邀请他到哈佛大学医学院去做博士后，但彼时正赶上耿军参与一个中美资方合作的医疗项目，频繁往返于大洋两岸，于是他婉拒了这次机会。

参与项目，让耿军生出一个影响了他人生抉择的念头：不想进入纯粹的医疗行业，但可以做一些与医疗相关的工作。

这个念头直接影响了他的第一次创业。

第一次创业，耿军不是老板，算是合伙人。“带头大哥”是麻省理工学院的一位教授，带着一群IT男，做一个医疗服务网站。一群技术大咖凑一块儿后发现，要做好医疗服务网站，急需具备医学专业知识的人才，于是，有了耿军的加入。

网站做起来后被成功收购，萍踪偶聚的一群人各奔东西。耿军拿到一笔分到的钱，想回国继续把健康服务网站做下去。

多年后回忆起当时，耿军不太认同那是自己“第一桶金”的说法。他认为那可以算是一段“经历”。至于得到的物质收入，用他的话讲：“在中国还算是一点儿钱吧，但我觉得其实也无所谓。”

他更看重的，是从这个过程中获得的认知。自此次经历后，他认定：单纯的知识分子创业是不可能成功的。因为，知识分子创业，商业性往往很差很弱。类似的比如艺术家做公司，通常成功率不太高。因此，舞蹈家杨丽萍在商业上的成功，得以让她的杨氏舞蹈顺利地流传下去，在耿军看来，这是难能可贵的成功，也是她善用不同领域商业人才的结果。

耿军眼里的“成功”比较特别。起码“钱”不是一个很重要的标准。他看重的，是“能否产生意义和价值”，跟钱关系不是很大，或者说钱是成功的必要资源和标志，但不是目的本身。他曾以作家为例：有好作品传世，可以算是成功。假如一个人做的事情不够极致、不够好，没有足够的影响力，即便有钱，那也不能算是成功。

一匹来自北方的狼

2001年1月，耿军下决心回国。随即用了一个月时间，北京、上海、广州、深圳都去转了一趟。

最后，北京青年耿军选择了深圳。

每次跟朋友谈起深圳，耿军都对这座城市赞不绝口。

“深圳是个更有效率、更适合创业的地儿。”他会说，“如果聚橙在别的城市，很可能就做不到今天的成绩。”

在他看来，有些城市文化氛围或软硬件环境固然深厚，但在商言商，只有在深圳，陌生人坐下来，第一次见面就可以把业务谈得很深入，“英雄不问出处”。如果在别的城市，也许要见三四面，吃几次饭，再见周边朋友，最后才开始谈正事。

从这种追求直接、重视效率的习惯中不难看出，耿军这位知识分子比较另类，希望书本和实践兼顾，至少不是他口中那种“商业性很弱”的秀才。

硬币的另一面，就是这个人也许性格上不会那么讨喜。连耿军自己也承认，自己在公司内部，肯定不是温和的领导。理由很简单，企业不是事业单位，追求的无疑是效率第一。

“既然追求效率，那么有些时候，你就必须用你的态度去表达工作意见，对员工形成触动。”他曾在与朋友交流时直言，“聚橙内部有很多人觉得我还是比较严厉的，可能比较害怕我，但我是觉得，这就是工作本身——并且，这不妨碍大家去提不同的意见。”

聚橙还是后话。时间回到2001年，海归耿军在深圳创立了健康网，起步大概一个月，便拿到了一家上市公司的风险投资。

七年之“养”

万事开头难——来自古人的精准概括。

在国内做健康服务网站，无疑是个投入高、难度高、风险高的跑道。虽然有充分的心理准备，但刚回国的年轻博士发现，难倒自己的，反而是专业知识以外的诸多问题。

屋漏偏逢连夜雨，风投的金主也食言了，后续资金成了画饼。

冷静分析之后，耿军平静地接受现实。他需要在两个选择中选定一个：

一是回去做医生，更加稳妥；二是带着拉起来的队伍，继续寻找机会，继续在创业路上颠簸。

耿军选了第二条。

大多数人会对这位海归博士的选择感到困惑。在一次同朋友谈心时，耿军做了解释。

医生跟很多的职业，比如说跟艺术家是类似的，都算自由职业者。收入通常以单位时间计。为什么叫自由职业者？因为医生很难构建出一个自己的团队，跟班的都是助手——有能力独立发展的医生，都会出去单干。

因此，医生也好，会计师也好，律师也好，最后能够形成的组织类型，只有所谓的合伙制企业，很难形成一个真正的公司制企业。但是，一个事业真正做大，公司制才是一种具有可行性的模式。所以，如果选择做医生，那未来的天花板是可以预期的，但做企业可以成就更大的事业平台，而这才是他想要的。

正是基于这种考虑，耿军又一次放弃了做医生，寻找机会。正好一家传统的零售企业想转型做电子商务。从老板到打工，耿军没有“偶像”包袱，带着团队走马上任了。

企业老总也大气，直接让耿军出任CTO，后来也负责政府事务关系方面的业务。

他带着团队终于用了一年多的时间帮助企业完成了电子商务的转型，耿军也升任COO，成了公司的二把手。

干到2005年，耿军离开这家企业，又去了上海一家企业。

对于这段经历，耿军心存感激。他毫不讳言，自己在国内所有所谓的商业操作手法和智慧，基本上都是在这家企业形成的。

而上海的下家是个中外合资企业，这个类型，耿军没有过经验。这是他选择跳槽到那里去学习的原因之一。

耿军的身份，是IT等偏后台管理的负责人。然而上班第一天，他被叫到公司负责人办公室里，突然被告知了一件事。

分管销售的负责人突然暂时不能参加工作，公司与耿军协商能否同时接手销售工作。

这次，耿军犹豫了。他一贯擅长负责后台工作，从来也没觉得自己适合做销售。

听公司安排，还是因循自己的惯例？耿军心中飞速合计着。

既然到了新的地方，那就听从公司安排吧。就这样，负责技术工作的耿总，同时肩负起了销售的担子。

他要销售的第一件产品，是几十万平方米的商务楼租赁权。说白了，就是公司盖好了商铺，要去招商。

在耿军赴任之前，那个企业已经运作十年，都是亏本。在耿军到任的第一年，便实现了收支平衡。

在那里干到第二年，耿军决定离开。没有什么复杂的原因，就是他决定自己重立门户，还在互联网领域做文章。

至此，归国后辗转七年打拼的耿军，又要重新布局自己的“地盘”，在商战中重新竖起自己的旗号了。

这七年，耿军有点像职业经理人一样，转战各家，帮别人管理。

回顾这段经历，耿军说，从中学会了在中国怎么做事，怎么做人。“中国还是跟别的地儿不太一样，对吧？”耿军这样反问朋友。

前聚橙时代

至此，我们距离那个聚橙的耿军，已经越来越近了。

但还没到。

耿军告别了自己销售主管的职务，又回到创业的战场上。这次，他的突破口要从哪里打开呢？

有专业医学背景的耿博士仍未发现医疗服务网站的春天有任何来临迹象。这个方向不可能。

有丰富电子商务经验的耿总在面对阿里巴巴时，也没有狂妄到想着去分一杯羹。

他终于决定，做一个活动服务类的网站，类似于豆瓣的同城活动一样。

做活动服务平台时，会有各种类型的活动。比如看电影、看演出、看展览、体育、旅游等等，做了大概半年，耿军发现，虽然平台用户黏性非常好，但一个终极问题浮出水面——

平台如何赚钱？

作为活动的组织者、服务方，平台一定要有收益才能实现良性循环，否则，这群“雷锋”将很快散伙。

这个难题困扰着耿军，直到他终于找到了一个很好的介质——票。

很多活动当然都要有“票”的介入。球赛要票，观影要票，旅游景点当然也要票。而票本身是有商务属性的。

于是，耿军带着团队，从一个纯粹的活动组织者，变成了一个负责票务的电子商务的平台方。这里的商业逻辑很明晰：活动主办方用批发价拿来票，再以零售价卖出。票务平台就赚这个差价。

果然功不唐捐！世上没有白走的路！谁会想到当年的电子商务经

验，今天用到了这里。

虽然赚差价还不足以支撑一个成功的企业，但至少，耿军找到了可持续发展的路径。团队由此得以继续做下去。

到2007年，聚橙水到渠成，终于诞生，前期基本就是做电影、演出票务类业务。公司票务业务的流水飞速扩大。

耿军，与聚橙，在这一年，才终于联系在了一起。

同时，新的危机，也随之而来，那就是——流水虽然大，但企业仍然赚不到钱。

一贯理性的耿军，甚至用了很绝对的表述："所有的票务公司，到今天为止，没有一个公司是靠纯票务就能赚到钱的。"

耿军再次开始思考，除了票务，还能做些什么？

这一思考，是聚橙真正"升级"的肇始。

通过把涉足的所有票务行业从头到尾梳理一遍，耿军终于筛出了一个他认为商业机会比较多的行业——演出。

这一经验得益于他当年的销售生涯。

漏斗

话说当年被临危受命的耿军带着销售团队，去为几十万平方米的商铺招商。如何下手，是他必须捋清楚的首要问题。

而对于没有任何销售经验的耿军来说，如何先"入门"销售领域，是他必须先为自己想明白的首要问题。

他掌握销售的过程，非常的"学院派"——读书。

至今，他还会推荐这本书给做销售的朋友。那本书名叫《电通鬼十则》，是日本曾经最大的广告公司内部培训的材料。对于销售，它的一个核心理念，就是通常一个广告主要被接触15次，才会被说服来投广告——但是，绝大部分人在第13次的时候，就停了下来。

还有一本书，是业内好友林怀民将台湾发行版本复印出来赠送给耿军的，叫《票房销售》。林怀民曾对耿军提到，自己认为，一般消费者要受到7次的刺激，才能去决定买票。或许看到一张海报，或许听到一个消息，或许看到一篇报道……平均七次的外界刺激，才会使人下决心去买一张演出票。

爱读书的耿军

耿军分析，两个观点类似，都是提醒同事们：销售如同漏斗，要将潜在客户一层层筛选出来，从1000个到300个，从300个到50个，最后筛出20个核心客户。漏斗可能要筛5次、10次不等，不能操之过急，对于核心客户要进行反复的接触，在重复中将其找到并达成交易，这就是销售的过程。

“很多超级销售并不是能言善辩的，起码我看到的那些，往往反而是不太能说会道的人，但是他们有非常强的逻辑性，这才是能够促成销售的关键所在。”耿军在不同场合，对朋友和同事多次这么说。

早在带销售团队时，耿军已经大致形成了自己的管理风格。

他要求团队要有非常强的逻辑。当从1000个客户筛选到300个的时候，为什么那700个被剔除，要搞清楚。目前这300个有何特征，那700个有何特征，以后再做类似工作的时候，就避开或寻找这些特征，这样便事半功倍。

大刀阔斧

商业机会比较多的，是演出行业。

耿军瞅准目标，立刻大刀阔斧地砍掉了其他票务业务。从2009年开始，聚橙一方面守住演出的票务，一方面主动出击，去做演出的主办，也就是“演出经纪”。说白了，就是别人有了演出的内容，耿军他们去做落地，比如场地、执行等等工作，最后通过票务和冠名赞助收回成本、获得收益。

深圳是耿军的福地。演出经纪业务，也是先在深圳开始做的。聚橙先做的是话剧领域。2009年全年42场演出中，有41场是话剧，只有一场音乐会。

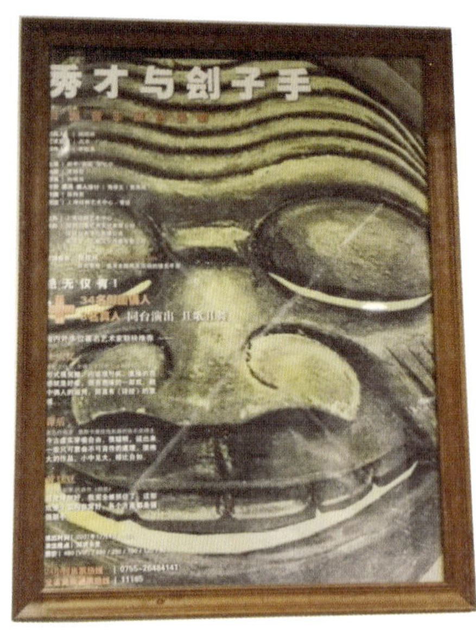

聚橙第一次作为主办方之一参与运营的话剧《秀才与刽子手》海报

到了2010年，耿军又总结了一下，发现几个问题。

一是光做话剧不行；二是光在深圳不行。这都好理解。耿军还有别的发现——中国真正有意义和价值的巡演非常少。

巡演，要按照地理位置和时间排期规划全国演出，对组织方要求很高。一般情况下，比如一部北京首演的话剧，可能下月到上海演5场，回京；过了半个月，又到深圳演两场，再回京；再过一个月，又到成都演几场。

效率低，成本高，剧组很可

能演着演着就赔了。

为什么会出现这样的悲剧？

耿军分析，一个演出的制作方，基本是由艺术家为主而构成，营销能力非常有限。假如真的有一位营销能力出众的艺术家雄心壮志要搞个10城巡演，如果讲究科学的话，他必定要先至少找20个城市进行筛选，而每个城市，还要至少找两三家剧场来筛选——意味着，这位艺术家要同时与五六十家对手谈判。最后要达成什么样的效果？就是要有10座城市的10家剧场，在时间上能彼此衔接上，在价格上能够达成共识，在场地上能有空白档期，这样才能保证巡演顺利进行下来。

事情的难度，可想而知。

通过聚橙的实践，耿军发现，如果有话剧在广州有演，在珠海有演，在深圳有演，那这样一路演下去，成本能降低30%到50%，但这样的“批发”式行程一年下来只有两三次，其他的都是点对点，从某地来了，演了，走了。

在行业内，组建“联军”来协同巡演是不现实的。因为各位艺术工作者彼此的审美不同，对剧目的看法不同，各地市场不同，档期不同……

由此，耿军自然而然想女娲补天般，来堵上这一块空缺。

进击的王国

耿军跟同事们一商量，干脆，咱们自己在全国各地建分支机构，统筹根据各地的市场来决定一场演出去哪几个地方，路线、演出咱们来规划安排。

异地团队怎么管理？财务怎么管？人事怎么管？项目怎么管？票房怎么控制……

一堆问题袭来，耿军不慌不忙，在实践中破解问题，积累经验。等到2013年，聚橙已经稳步完成了全国“分舵”的基本布局。国内基本所有的省会城市，以及沿海的经济发达城市，都有了分支机构。

自此，聚橙由外而内，实力大增。因为对于“联军”搞不定的全国巡演问题，聚橙已有了下先手棋的底气。

不用再被剧目、演出行程搞得疲于奔命、万分被动，负责接洽业务的“总舵”调动各地机构；而得益于既有的体系，聚橙甚至可以提前主动设定巡演路线方案了。有了聚橙，演出团体就不用再为路线城市如何排列组合伤脑筋了，聚橙会给出最佳路线。通常演出走的城市越多，成本就越能降低。演出方搭上各地“顺风车”，或者说，为巡演“拼单”，而同时二三线城市居民也能享受到过去难得一来的文化大餐，可谓皆大欢喜。

“这件事做好了就是个正循环。”耿军乐观地说。

曾有人感叹，这千头万绪如何理顺？耿军平静地回答，自己用到了当时做连锁零售企业时所用的管理经验。

2013年是一个重要的节点。

考察了聚橙两年的一家资方终于决定投资。此前，资方最大的疑问就是，聚橙的高管们九成多都是外行，这怎么来做呢？

医学博士耿军带着团队用事实成绩说话，成功扭转偏见。

结果到第二轮融资时，已经有资方表示，聚橙最大的优势，就是管理层的外行身份。科班出身的人很可能会囿于固有想法，不能跳出来综合考虑。

此后，再也没有任何资方对聚橙管理层的非专业出身发出质疑了。

打开局面后，耿军仍不敢懈怠。2013年以前，聚橙的业务主要是主办演出和票务。这一年以后，耿军开始带领聚橙谋划新的布局——运营剧场。

这意味着聚橙正一步步削减各种不可控因素的比例。

在业务运作上，对接的各地剧场负责人各有想法。有的看重租金；有的看重导向；有的谨慎，不爱生事；有的佛系，无为而治……聚橙要一个一个谈，看人下菜碟。领导个人因素是巨大的不可控因素。

例如，某城市某剧院的领导表态很欢迎聚橙合作，等年底时要排一场新年音乐会时，领导说有另外一场新年音乐会，没法排；等到要排某剧目时，领导也排了同类的剧目；卖票时院方的票他们卖出去一千张，聚橙的票他们卖出去的近乎为零。

核心资源在别人手中，确实令人痛苦。

问题要解决，时机、环境也已成熟，不用再犹豫了，耿军拍板，到各地拿剧场。

所谓“拿剧场”，指的是把剧场的经营权拿下来。

2013年，从深圳龙华起步，聚橙在全国各地开始了剧场运营权的竞标行动。这其中，有大剧场，也与小剧场，还有周末儿童剧场、特色剧院，特色剧院指苏州昆剧院、泉州木偶剧团——耿军的视野宽度与思考方式，与“极端市场派”或“艺术至上派”明显不同。他不会仅仅盯着时下流行，但也不会被“情怀”冲昏了头脑，正如同他围绕拿剧场对同事的指示一样：“我们只拿自己能掌控的剧场。”

聚橙院线部分剧场

目前，聚橙已拿下106个剧院的运营权。有人问耿军，陡然新增了这么一大块工作，会否手忙脚乱。耿军会点头承认“有各种各样的问题”，但旋即又回答：从本质上说，管理一百个剧院，跟管理一百个沃尔玛超市，没有区别。

总舵主

坐镇深圳的耿军如何对遍布全国的子公司指挥起来如臂使指？相信这是许多同行好奇的事情。

耿军本人是拒绝任何带有“独裁专断”或“国王”性质标签的，毕竟，这与他一贯奉为圭臬的公司制背道而驰。他曾专门强调，聚橙的地方子公司，同样有很多自主权和主动权去做认为正确的事。在很多方面，自己并没有权力去命令子公司做这做那，只是根据公司制度，对他们有一个基于连锁管理基本原则的控制，比如财务的控制，当天钱要回到账上，而非在子公司手上攥着。

耿军对公司的运营体系没有什么掩饰，会很大方地跟同行交流。

聚橙所有项目都是总部采购定夺的，各地没有采购项目的权力；主要合作伙伴的合同，也都是总部定的；各地所打的广告，也一定是总部跟各地的广告公司直接定好，而非各地自己去谈；子公司与当地剧院的合作，也是总部制定年度合同，子公司的意义在于执行与落实。

“其实这些是跟所有的连锁零售基本管理模式一样的，没有什么特别的。”他说。

各地子公司水平不一，耿军又是如何平衡的呢？

“不用平衡，就看谁的票房好就是了。”耿军很直接，“说实在的，前10名的城市和30名开外的城市当然有本质差异，这有什么可争的？”

通过多年积累的数据，每个“分舵”几斤几两，都在耿军心中。

三亚海上艺术中心

如果有谁敢于对票房立“军令状”，耿军也会考虑倾斜。有效益不好的子公司，耿军会毫不留情地砍掉。据说，有的城市子公司，曾有两三次反复。开始做得不好，就砍掉；而后过了几年，觉得还是要做那个地方，就又开张。

子公司都凭各自本事吃饭，也算得一视同仁了。同时，耿军对各子公司特点也是如数家珍，从而保证处事公允、合乎市场需求。单以三亚为例，他能说上半天。

聚橙在三亚的剧场，特别在独特的时间节点上。平时如同空城，做演出没意义。而一到冬天，许多外地人会聚集于此。春节期间所有营业场所基本都爆棚，春节结束还有一阵子人出不去。所以，要专门针对这种节点准备节目。于是，春节期间其他子公司放假，而三亚的同事就赶上了忙季。

为此，耿军要根据不同的时间、不同的地方、不同的人，安排不同的项目，但这个安排，也还是要在一个整体战略框架内。否则，如耿军所言，如果专门为这一个地方调动资源，也是不值得的。耿军给出的解决方案，包括开拓剧场租赁面积，春节期间准备好优秀项目，针对游客推出亲子演出等项目。如此才能让这个剧场持续运转下去。

在聚橙，人如其姓的耿军不是个温文尔雅的存在，但他有足够的耐心与度量。讨厌中庸的耿军不会因为同事提出意见而恼火。他想得很明白：“说真话”难免得罪人，现实环境也许不会容许每一句都是真的，但至少在聚橙，还是希望大家能把“说真话”当成一个目标和方向——身不能至，心向往之。如果希望企业能发展、个人能发展，决策者当然要有勇气和度量听到不同的意见、不同的观点。

聚橙的企业文化里有一条，叫作“有话直说，有话好好说”。

耿军解释，“有话直说”主要适用下级对上级；“有话好好说”主要适用上级对下级。

他曾说，自己管三件事——战略、钱、人。战略他自己可以掌舵，但钱和人都是更复杂的事情。聚橙固然一直盈利，但仍然需要融资去快速扩展，如果没有好的融资渠道，那发展就会变缓慢。而人才，更是一将难求。国外很多时候看一个剧院管理人员，满头白发，一眼望去，怎么也得70岁上下，这种事情在中国就很难想象了。

他是个珍视人才的人。

耿军为职场上的老年人们鸣不平，这直接导致他后来产生了一个有趣的想法。

区别在此

回到前面的问题——同样卖票，博士耿军与一位高中生有什么区别吗?

耿军这样解释：“区别就是研究问题的能力。你用多长时间能把这个行业的事做成做好、研究明白。也不是说所有行业的事我都研究，那肯定不可能。至少，你想做的这个事，需要总结，要弄清楚。不要觉得好像企业做了十年，有些事就都能够明白了。真的不一定。很多行业的人，包括我们这个行业的人，可能做了30年，也不如做了3年的小孩厉害。因为那个小孩他有钻研学习的能力。”

话从耿军嘴里说出来，是有说服力的。一个医学博士，在演艺领域创业，如果没有研究能力，只怕早已折戟沉沙。

另外，耿军对职业具有极高的自我认同。这不是自恋，是一个具有国际视野、也见识过家族传承的企业观察者的深刻认知。

他曾开玩笑地说，说起做票务，在中国大家都会觉得是个底端的活儿，缺乏认同感。他毫不讳言，聚橙做票务的销售客服人员流动性并不低，很少有人能做够五年。但是他曾见过美国一家票务公司，老板是家族第三辈卖票的，第四辈——老板上高中的儿子，已经在票房里实习天天卖票了。

耿军从来没有“偶像”包袱。他看重的是实际，而非虚名。

这位医学博士如今成天研究的是百老汇。

他笑称，自己是中国为数不多实时关注着百老汇动态人群的一分子。百老汇正在上哪些新剧、哪些剧票房表现好、哪些长演不衰、每周的票房排名……他都时刻关注着。

有熟悉他的朋友会调侃一句：“他能不关注吗？他给百老汇投资了。”

耿军是2015年开始投资百老汇的——确切地说，是用聚橙的钱投资百老汇的剧目。

聚橙投资的部分项目

小提琴手》《女服务生》《全情投入》《乐队造访》《海绵宝宝》《你好，多莉！》《来自远方》《猫》

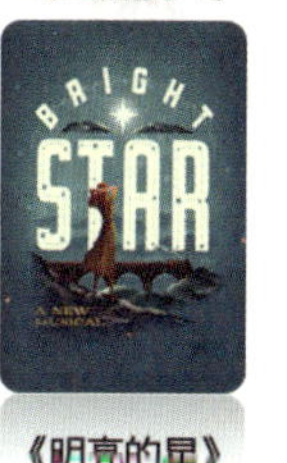

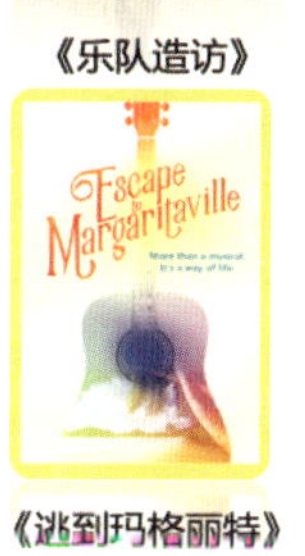

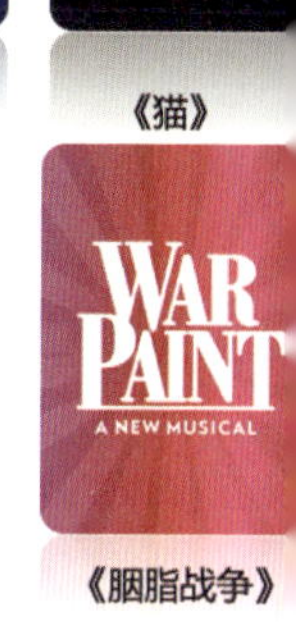

…秀》《日落大道》《明亮的星》《逃到玛格丽特》《窈窕淑女》《活在当下》《美国精神病人》《胭脂战争》

有同行对耿军说，你们在百老汇拿项目，一定花了好多钱。

耿军说，我们第一位就是评估性价比，如果性价比不好，再大的项目我也不会拿。因为我们是要盈利的，否则的话，我没法跟我的股东交代。

因为要对股东负责，所以耿军要研究百老汇的剧。结果想找些资料参考时，发现了问题——国内虽然很多研究音乐剧的所谓专家，但没有多少时刻关注百老汇的人。在耿军看来，对于这个活生生的研究对象，如果不实时关注，怎么能研究透呢?

对于投资百老汇，耿军坦承，投资时，自己确实是外行，但毕竟这种决策机制与风投的决策机制是一样的，都有风险，都是冒险。更重要的问题是，要花多少时间变成内行。归根结底，还是关于一个人乃至一个团队的学习和研究能力。

最佳的死法

严谨而讲求实际的耿军，也有洒脱的一面。比如他希望能有流传后世价值的梦想，再比如他对自己“最佳死法”的畅想。

每次聊起这个话题，闻者无不色变，顾左右而言他不知怎么接茬。耿军倒并不在意。

他理想中最佳的死法，是倒在工作岗位上。

不少人会嗤之以鼻，觉得这是资本家压榨工人的一种伎俩。但问题是，并不自恋的耿军，根本没必要通过这种个人感召来暗示聚橙的同事们“工作至死”。

母亲离世后，耿军写过一篇文章，哀而不伤地表示，从此世上了无牵挂，唯有工作是心头寄托。

“如果有一天，我离开现在的工作，不用做现在的事情了，那我特别想做的一件事，就是‘工作至死’。”现场听耿军讲这些话，全无豪言壮语的味道，反而是一股恬静与渴望的情愫呼之欲出。

“我觉得，我是愿意死在工作岗位上的人。”他说，“这应该是我最佳的死法。”

近些年，日本出了一些书，表达了一个新奇的观点。一些人不想退休，要工作到死。他们认为，能够工作到最后那一天，是最好的选择，因为退休之后太无聊了。

耿军表示认同。不过，他同样意识到，老年人工作有很多的问题和限制。

百无禁忌的耿军已经在许多场合表达过这样的考虑。他认为，60岁以后其实很多积累的东西还是好用的时候，比如剧院管理——中国不缺管理人才，但确实严重缺失剧院管理人才。

耿军对老年人的工作能力充满信心。他印象中，理想的剧院管理者就是要上年纪的阅历丰富的老年人才镇得住。因为只有这些老人，才能平衡政府、企业家、文化名人、艺人、下属、媒体等各方面。

耿军想做一个组织，专门帮助有此意愿的老人工作到干不动的那一天。

今天与明天

今日的聚橙，在耿军掌舵下高歌猛进。业务涉及儿童剧、音乐剧、流行音乐、话剧、舞蹈、民乐、戏曲、展览等板块，还正在进入其他新领域。

最近耿军马不停蹄，忙着筹划旅游演出——由各地提供自然或人文景观，聚橙提供创作团队与演出经纪服务，也忙着公司上市。聚橙的城市分舵，也开到海外去了，东京、新加坡等亚洲名城都在其列。耿军计划，海外业务的规模在3年左右的时间内，能够做到国内业务总收入的一半。

另外一个他上心的事，是聚橙以内容为主导的转型。音乐剧、展览等将是耿军下一步动作的主要抓手。

耿军坦言，渠道和终端的路，聚橙已经基本铺垫完毕，全产业链必须提上日程。目前聚橙关于内容方面是引进为主，制作为辅。随着中国音乐剧市场的变化，聚橙将更多地以制作为主。

如果用一个词来形容耿军，或许，可以用“静水流深”。这个自小安静而不安分、话少而有主见的学霸，深谙水滴石穿的寒窗功夫，也在职场上厚积薄发，努力速成。

这个后天强迫症患者目前最大的爱好，是整理房间。假如有空，不管是办公室，还是家里，他都很享受洒扫之乐。一是可以休息大脑，类似当年有的数学家把锯木头当作休息；二是看着屋子井井有条，他能感受到相当大的快慰。

或许，耿军不是可爱的伙伴，但确实是靠谱的队友；不是和蔼的老板，但确实是能带领队伍负重前行的头羊；不是善打鸡血的雄辩家，但确实是自勉的实干者。

耿军的办公室

在行业豪强环伺之下，耿军与聚橙的未来之路，必然依旧是风景与荆棘相映。这个“过来人”，用一句话总结了自己从纷繁复杂的连续创业经历中突出重围的秘诀——

“把自己想做的事业做到极致，就足够了。”

变革者是怎样炼成的

陈宁　合肥演艺股份有限公司总经理

新官上任的总经理先拿自己开刀了。

看了一个月的账目，陈宁召集了到任后的第一次总经理会议。

会上，这位合肥演艺有限公司新聘来的管理者直接给自己降了一半的年薪。

随后，他要求副总经理们只能按年薪的60%拿工资，其余40%年底根据表现“论功行赏”。

各种风声与消息传了出来：姓陈的胖子可能是来查账的，也可能是来裁人的。2013年初来乍到，陈宁要再三解释自己是来干事儿的，不是来当“纪委书记”的。

不少人将信将疑。

更难以置信的还在后头——陈宁将带着他们共同见证公司成为全国第一家上市新三板的国有演艺企业。那时，公司也将更名为合肥演艺股份有限公司。

当然，“转型升级”之路，不会那么顺利。

压力

从电视剧制片人转型到舞台剧制作人，观众发生了变化，变成了剧场内的观众；市场也发生了变化，从电视观众变成了剧场观众。陈宁认为，剧团的演员在舞台现场表演，表演内容就变得至关重要，排在第一。

为了把表演内容、现实情况和合肥三个文艺院团有机结合起来，陈宁

舞剧《立夏》海报

心里思忖：即使面临的困难将大如天，也要鼓足勇气去把天“捅破”。一方面，公司严重缺乏创作人员，既没有剧作者、作曲老师，也没有拔尖的表演人才和导演，甚至连舞美设计师都没有，如果单位有这方面的创作人才，拿着工资，会愿意做这个事情，但是积极性不高；另一方面，请外面文艺院团，包括北京、上海、杭州、南京、武汉文艺院团的老师，费用比较高。

面对这两难境地，陈宁当机立断确定了思路：为了创作出好的作品，先请外面的老师创作，然后员工跟在后面学习，在这种请进来的老师进行创作的过程中，培养自身的创作人员，进而形成由外请向自身创作的转变。

比如，创作大型庐剧《孔雀东南飞》时，为了使地方戏庐剧涅槃腾飞，编剧、作曲、导演、舞美设计全部外请，当时称之为“七剑下天山”；到了大型庐剧《东门破》的时候，外请人员就缩减了一半，编剧就是安徽本地的，主角是公司内部人员，因为人员不够，行当不够，外请了重要配角；等到了庐剧《江姐》的时候，除了舞美设计老师外请，其余主创者全部是合肥市的老师和剧团演员。

2017年创作舞剧《立夏》时，面临的困难就更多，剧本、作曲、服装设计、舞台美术制作方方面面，都未能按时间进度达到要求；另外加上自身的演员数量不够，需外协解决。陈宁曾说，当时克服困难的过程真的是惊心动魄。

2016年冬天，陈宁和歌舞团负责人奔赴北京请专家，虽然专家答应了邀请，但也面临三个困难：其一是创作费非常昂贵，个人的创作费要100万元以上，团队创作费达300万元到400万元，陈宁他们没有这个经济实力；其二是专家提议只排一场；其三自身编导力量不足，排演一个上百人的舞蹈，需要的编导数量较大。

面对这三个无法逾越的困难，陈宁立即与歌舞团的负责人商量，一定要克服一切困难，按照时间表立上舞台。但过程中插曲不断，曲作者在距离演出不到两个月时，交不出完整的曲谱。为了确保顺利演出，陈宁当下决断：更换作曲老师。在作曲老师的推荐下，剧团年轻的编曲徐兴民临危不惧，接受重任，用39天的时间，吃住在剧组、排练场，不断磨合，克服各种困难，最终把完整的曲谱呈现出来。

陈宁说，这部剧被寄予厚望，感觉每一天都给他最后一天的压力。几百万上千万的资金去排练，以往从未有过，领导会问“你钱花到哪去了”，巨大的压力使得整个团队的神经都绷到了极致。

2017年4月23日至25日，当《立夏》呈现在中国演出行业代表，安徽省、合肥市领导，舞蹈界以及戏剧界专家们面前时，团队热泪盈眶，情绪圆满释放。每个人尽情地让眼泪在脸上流过，所有的付出都在这三天演出当中呈现出来。两位安徽省委常委表扬：“没想到合肥市做出了这样好看的舞剧，尽管还有瑕疵，但瑕不掩瑜，希望再接再厉，不忘初心，继续奋斗。”

角儿

如今做了五年舞台剧的陈宁，觉得自己有发言权了。

“不请外边的，就用自己团里的。不锻炼怎么出人才？”

他名片上的“电视剧制作人”早已改成了“舞台剧制作人”。这位倔强的舞台剧制作人谁的话也不听，坚持认为自己的演员可以胜任。

后来的骨干们，都是这样带出来的。

公司庐剧院里两个优秀的孩子，去了中国戏曲学院深造。还有一个在职的男生考上了武汉音乐学院的研究生。陈宁愿意给他发工资，助他读书。不料却被婉拒。小伙子诚恳地表示，以后想争取留校，不想回公司上班，所以不能拿公司的钱读书，但只要陈总在，有事的话，自己愿意效劳。每年寒暑假，男生都会去办公室看陈宁。

为了让地方戏火起来，陈宁着意培养“角儿”。

“戏剧不培养名家，能走多远？”他直言，“这角儿，我养着。不用坐班，打磨艺术就行。”

显然，多年的摸爬滚打，还没消磨掉陈宁骨子里的文艺情怀以及对艺术的仰视。

霸占黄金时段

“电视剧制作人”又从何说起？

说来话长。

20世纪80年代在合肥读中学时，陈宁是活跃的才子——既在全市作文比赛中拿一等奖，又是市中学生记者团团长。他嗓音好，又做了校广播站的播音员。实践多了，学习成绩不可避免受影响。他偏科，对理科没兴趣。结果这个热爱写作、广播的孩子考上了大专，读的却是会计专业。

跟现实中许多大学生一样，爱好与专业常常难以统一。陈宁跟同学说相声，参加演讲比赛，参加大专辩论赛，在校广播站做起了播音员。姜昆、杨澜、赵忠祥、倪萍是他和许多同龄人的偶像。

毕业后分配，在安徽省国防科工办下辖的微型汽车总公司财务科干了两年会计后，安徽人民广播电台组织普通话比赛，一方面是为了推广普通话，另一方面，是为了物色男播音员。

陈宁报考，一千多人考了个第七，获了个三等奖。

那时候播音专业科班出来的少，没人愿意到省台去。省台的魏民老师打电话把陈宁叫过去，一共5个男生。培训了一个月，考试选拔了3个到安徽人民广播电台去工作。陈宁是第一个。

1990年，陈宁迎来了人生第一次转折。

在安徽广播电台政治文教部，新来的小陈不安分，不满足于念稿子。跟着老师出去采访，采编播一体。

一般记者最多是采编一肩挑，然后拿去给主播念。到小陈这儿就不一样了，没稿子，现场采，回去剪辑编排下就能发。领导一看这小伙子不错，就让陈宁去做“准直播”栏目。

准直播就是直播状态下，事先安排好打电话的人。1994年，一贯很严肃的安徽台，敢于做直播节目了。

那时陈宁已经升为栏目组副组长，主持工作。他跟另一位男主播、两位女主播，霸占了电台晚9点到10点的黄金时段。

那时娱乐形式比较单一，电视还没成气候，节目在安徽很火，听众来信都成麻袋地来。一小时的节目，前10分钟是新闻，剩下50分钟陈宁他们现场发挥。做情感热线，疏解婚姻恋爱家庭纠纷；做社会热线，指点就业烦恼人生之路；再后来请嘉宾，有正规医院的副主任医师去讲养生，有省交警队的谈路况——就当时而言，这种日后成为业内套

陈宁在电台做节目

路的探索是极其先锋的尝试。

这种直播，需要过硬的“过滤”能力。陈宁觉得自己不适合，自嘲做节目做得快得抑郁症了。天南海北的“曝光”见识了太多的黑暗，不少负能量。自己难受不说，还得帮人家疏导情绪。锻炼倒确实很大，也让节目走入了人心，既有经济效益，听众又喜欢。当时电台领导能够拍板允许这么搞，陈宁至今佩服决策层的魄力，也欣慰自己不负所望。他把这档栏目视作了职业生涯的一个里程碑。

副组长要为手下七八个人考虑，陈宁把安徽省“能够出得起广告费的企业”跑了个遍。广告业务水深，陈宁深一脚浅一脚，也有被当“棒槌”的时候。

老江湖看上小棒槌

1997年，一个客户想在安徽电视台做广告。陈宁决定做个中介，去找电视台广告部主任谈。

看着面前的年轻人，广告部主任第一句话是：

“你是干吗的?”

1988年，电视普及不说，中国也成功发射了同步卫星，卫星电视的时代大幕拉开。电视台的人底气越来越足。

陈宁清清嗓子自我介绍：是电台的，帮人问问广告刊例。

广告部主任看看眼前这个二十六七岁的年轻人，友善地表示，既然是一个系统的，就给打五折吧，更多的优惠不能再有了。

旗开得胜，有面儿！陈宁兴冲冲回去转达客户。客户咂咂嘴：“你这谈得还不如我的销售经理呢，我的经理谈下来三折。”

年轻的陈组长不服，细问客户之下，得知厂子的营销支出高达9千万，再问人家准备花多少在电视广告上，客户说，没有600万也有500

万吧。掌握了信息，陈宁心里有底了。

“我再去跟人家谈一次。三折都高了。你等信儿吧。”

陈宁给客户扔下句话，又回去找电视台广告部主任。主任眼含笑意，问他怎么又来了。陈宁说：“主任你给的价格太高了。不如这样，我一晚上给您一万块，天天给，一年365万。您要是嫌少了我就补齐，400万给您一年。您要是还嫌少呢，那就500万。根据我这个思路，你看你能给我个什么价？一晚上能给我播多少次啊？”

主任眨巴眨巴眼睛说：“500万的话，那给一折。”

“主任啊咱就别谈折扣了。您就说您一晚上给我播多少次？”陈宁底气十足，“您一晚上至少得播十次。深更半夜的时段我不要，白天的也不要。我就要你的有效时段：天气预报前后，新闻前后，电视剧前中后。我都要。”

一番狂轰滥炸，主任有点上头，瞠目盯着陈宁。

陈宁知道主任心里想的啥——什么鬼？你一个电台的毛头小子跑我这儿来指手画脚，什么路子？

卷土重来的陈宁做了充分的工作。他查到电视台广告部年收入3000万元出头，顿时明白主任的套路：刊例价印得特高，然后打折“优惠”。

知己知彼。陈宁心里有底了：你一共3000万元的盘口，我要是给你500万元，我就是你大客户，我就有主动权。

主任叹口气说：“考虑考虑。”陈宁说：“这还考虑啥？你、我、客户咱仨一起吃顿饭。我买单。”

三人当天一起吃了顿饭，这事儿就定下了。客户因为承包了所有黄金时段，又激动又高兴，当场给财务打电话，让明早先打首款。

广告部主任发现小陈是个人才，正犯愁年度KPI呢，这小子一出手就帮着搞定了全年六分之一的任务量，那要是天天给我拓展业务……

主任打电话问陈宁：“愿不愿意到我这儿来上班？嗯，不急着做决定，明天先过来，咱俩聊聊。”

电视台的主任来挖电台的主播，陈宁是有点上头。

跳槽风波

“电视台如果不上星，那就没什么意思了，就还不如我们广播电台。”面谈时，陈宁敏锐地嗅到了未来的趋势，又粗略地忽视了主任的感受。

“我们安徽人民广播电台每天晚上直播，二十几个省的听众都来信。黑龙江的，云南的，更不用说周边的江苏、河南、湖北了。”小陈直言不讳，“要是我们广播台有图像的话，我就不到您这儿来了。”

主任脸色倒没那么难看，哼哈一阵交了底：“陈宁我告诉你，广电部同意我们上星了。我正为上星以后业务怎么做操心呢。你来吧，咱一块儿干。”

陈宁耿直劲儿又上来了：“电台电视台级别上一边儿大，谁也不服谁。主任您是科级干部，想从我单位调动我，您做得了主吗？”

主任干咳两声说：“咱们分头行事，你去跟广播电台的台长谈，我去跟电视台的台长谈，再去找广电厅领导谈。”

陈宁将信将疑点点头。很快传来消息，安徽电视台乃至广电厅领导都同意了。

难得。那个年代不像现在，有正式工作的人“跳槽”是罕见之举。工作调动都是组织行为而非个人行为。

就是电台领导这儿显然不乐意：小陈是个主播、是个主持人，没听说这个同志有什么拉广告的特长！我们正培养他，刚发展入党，电视台想挖我们的人？不放！

小陈一贯服从领导指示，见上面不同意，也就不好再提。三个月过去了，那边儿广告部主任坐不住了，跑去做电台台长的工作。台长又去找陈宁谈话：“小陈啊，广播电台是穷点儿，可台里对你怎么样？”

小陈鼻子有点酸："对我挺好的。"

台长一拍手："挺好的你离开干吗？你一走，节目怎么办?"

陈宁说早想好了："第一，有两位男主播都可以顶替自己；第二，自己到了电视台广告部，也决心顺手给电台拉广告。"

三四个副台长都跟陈宁关系不错，也各种时机帮陈宁说话。台长最终松了口。陈宁终于正式从广播电台调到电视台去了。

陈宁看中的是广告部主任的雄心，以及卫视辐射全国的影响力。

"我全中国帮你拉业务!"陈宁热血沸腾，准备干一番事业。这个新来的年轻人不只一腔热忱，他学会计出身，懂统计方法，跟主任他们一帮人琢磨了一阵子，为安徽电视台未来的发展研究出了一招。

这一招，安徽电视台现在还用着。

出走

说起来，不复杂。

一个地方台，如果要做综合节目，就不会受欢迎，必须单一而精准。陈宁他们要把安徽电视台打造成"中国家庭电视剧第一台"。

实现这个目标，总共分三步。

第一，渠道方面，通过对等接入、付费接入等方式，实现安徽电视台的大范围覆盖。这件工作十分重要，专门组建办公室来运作，务必让信号进入中国县级以上家庭。

第二，内容方面，必须单一而精准地以电视剧为主打——自己拍剧是来不及的，要花钱买来剧目，进行首播。

第三，营销策略方面，借助广告代理公司，为安徽电视台输送客户。

陈宁负责的就是营销。部门一共四人。陈宁走出安徽东奔西闯拉广告。后方三人守着传真机。陈宁跟人家谈合同、谈折扣。自己觉得做不了主就给主任打电话。电话那头，主任一拍脑袋，定下折扣，陈宁这边就可以跟客户握手了。

谈起当年电话里定乾坤的场景，陈宁会骄傲地笑着自嘲：就是这么粗放，就是这么原始。

笑着笑着，他沉默下来。

拉广告不能只凭自己去一家家谈，陈宁很早就利用各大广告代理公司为台里招揽业务。一来二去，主任怀疑他跟广告公司有不正当经济往来，断然宣布停止陈宁的工作。

陈宁认为主任听信谗言，自己被诬陷了。他觉得主任“以己度人”。

他知道的太多了。

那时他孩子刚出生不久，在正需要钱的时候被停职，处境之难，可想而知。

没吵没闹，广告部的弃将写了份赴京学习的申请，来了个“自我放逐”。主任那时荣升副台长，接过申请，看都不看就签字同意了。陈宁拿了批件，转身就走。

陈宁主持安徽电视台广告招标会议

陈宁在电视节目推广会上

有负气，也有“避祸”的意味。

光线传媒王长田来拉陈宁入伙，陈宁婉拒。他心里坚信，安徽电视台终究会有自己的用武之地，毕竟自己只是脱产，不是辞职。英雄惜英雄，王长田虽登庸不成，却还是帮了个忙。陈宁由此得以去北广读电视节目制作专业研究生。

多年以后，谈起那位终因经济问题服刑的广告部主任，陈宁颇多感慨：“他有雄才，算个人物。我呢，也是个有度量的人，不差你那点钱，更没必要在你那棵树上吊死。”

在京学习的那一年半时间，台里不给发工资，陈宁学习之余，做了好多社会兼职。国际广播电台与光荣传媒合作成立了国广光荣文化传播公司，聘陈宁做总经理。陈宁参与投资发行了平生第一部电视剧《花样的年华》。张一白监制，陆毅、鲍蕾、任泉、李冰冰等主演。“北漂”陈宁那时已经可以整合影视圈内的豪华配置了，但他心里依然念想着回到安徽电视台。

“出走”一年多，台里还会接受远道回来的“北漂”吗？陈宁心里没底，直到后来见到时任台长汤达祥。

汤台长对陈宁笑着说：“欢迎你回来！”

陈宁被派到安徽电视台电视剧部工作。“电视剧制作人” 陈宁就此上线。

制片

陈宁接手的第一部电视剧《大清徽商》中担任“制片”。

此前在北京做电视剧，他作为投资方，并不深入到剧组的运行中。这次不同，一亩三分地，哪儿协调不到位都不行。有财权但不能任性，算领导层但更像“打杂儿的”。吃苦受累在电视剧制作方面积累的经验，为陈宁日后参与前期筹拍《新三国》时冲锋陷阵打下了坚实基础。

筹拍《新三国》的艰苦与波折程度，从一个细节中可见一斑——拍摄过程，换了三位导演：从陈家林，到阎建钢，再到最后的高希希。陈导考虑自己身体原因，怕拖累拍摄进度，首先请辞；阎导忙活了大半年，也中途退出；最后终于在高导手中杀青。

“拍摄的时候，制片组和导演最辛苦。”多年后，陈宁跟人聊起当年艰辛，并没有懊悔，恰恰觉得给自己未来的跨界打下了基础。

因为在安徽电视台蛰伏八年后，他还将会被外放到省广电集团担任电视剧《枪炮侯》的制片人，并最终在2013年彻底放弃事业编制，成为合肥演艺有限公司的总经理，从此开启自己“斗智斗勇”的职业经理人生涯。

新三板

陈总经理阅历丰富，有多方面特长。从文学到艺术，从市场到传播；从舞台剧到电视剧，从拉广告到做预算，都门儿清。正是这样一个走过

合肥演艺股份有限公司在新三板挂牌

不少“弯路”的复合型人才担任总经理期间，合肥演艺有限公司成了全国第一家上市新三板的国有演艺企业。此后，公司名字变成了更为大气的“合肥演艺股份有限公司”。

“是两任董事长接力贡献。”每次跟人谈起此事，陈宁都谦谨地提醒别人不要夸错了对象。在合肥文广集团领导规划下，集团旗下三家公司中，陈宁所在的演艺公司以及一个云计算公司在尽职调查中胜出，双双登陆新三板，另一家兄弟单位因为职责属性，不符合上市政策，于是作罢。

从公司领导层到普通员工都没想到，两百多斤的总经理给他们带来了沉甸甸的惊喜。尽管大家都已习惯陈宁隔三岔五给公司带来新变化，但谁都没想到这把玩儿了个大的。

上市新三板，陈宁高兴归高兴，但忧患意识依旧强烈。他告诉自己，第一，作为一家演艺公司，如果没有自己的新商业模式，即便挂牌了，也没有什么意义。核心商业模式是什么？简而言之，就是要有自己的拳头产品。第二，要有核心服务能力——这也是一种产品。第三，要有一支特别能吃苦、能战斗而且守纪律的队伍。没有队伍，模式再好，服务能力也体现不出来。

在陈宁看来，演艺企业，并非仅仅呈现一出剧目或一台晚会给别人，而是要把顾客的需要变成现实——这就是企业的盈利模式。其中很重要的一项，便是为合肥市委市政府文化建设提供服务。

六架梯子

只有知情者才能理解陈宁的胆量与魄力——合肥演艺不是财大气粗的大平台，没有自己的剧场，当年甚至还没有自己的核心创作团队。陈宁就敢“揽瓷器活儿”。

“不要紧，我利用市场配置资源嘛对不对?”陈宁曾跟朋友说，“如果交给我个大剧院，我肯定管理得不比业内前茅那些差。只是时机没到，我也不抱怨。”

能不能管好大剧院，现在还没法验证，但以改革姿态进入公司后，陈宁吃了螃蟹，啃了骨头，改革路上逢山开道、遇水搭桥。毕竟，在公司建立起规范的企业运行机制，树立起服务意识，才能在登陆新三板后，走得更远。

顶层设计谁都能讲，关键在落实。陈宁这么有底气，不无依据。事实上，为了上市，陈宁上任伊始，就开始谋划先手棋。上任三个月，陈宁拿出了“合肥演艺有限责任公司企业管理制度1.0版”，核心直指薪酬制度改革，将公司的三个文艺院团、行政人员、舞美人员的晋升通道予以明确。陈宁将其形容为“六架梯子”。

第一架梯子为占公司人员近七成的演员们而设。获得了奖项，加钱；获得了职称，加钱；获得了学历学位，加钱。调动大多数的积极性，让他们凭本事涨工资。

第二架梯子为技术人员而设。音响师、灯光师、化妆师都有上升渠道，鼓励他们走专业职称评定的道路。此前，许多人有职称也不能变现，结果后来评职称都没人去了。陈宁上任不到半年，全部兑现。

第三架梯子为创作人员而设。一方面，老演员、老专家、老戏骨的退休，导致了创作人才的紧缺；另一方面，年轻人没有平台和动力，使得创作队伍的新鲜血液难以为继。陈宁鼓励他们转型、深造。有公司支持，老艺术家作顾问，年轻人带薪上大学，老少皆宜。

其他如管理人员、营销人员乃至保洁、保安等人员都有相应制度保障。

改革者陈宁敢啃骨头，但上任后并没有大规模裁人，重点从制度上、文化上、新剧目的制作推广及运营模式上做了改善和理顺。

公司的同事们并非改革的绊脚石，陈宁的改革，正是为同事们的饭碗谋出路。但一个变革者永远不缺乏较劲的对手，“挖坑埋雷”者一直都在。而陈宁要的是推进变革，还要姿势优雅——忍辱负重可以，狼狈？不行。在他看来，狼狈的应该是那些蝇营狗苟之人。

“我做事情永远在桌面上，他们只能在黑夜里。我也不与他们为敌，为什么呢？因为我不认识他们。月亮都是反射太阳的光，你说月亮干了点啥事儿，太阳在乎吗？真的不在乎。”他这样自问自答。

唯才是举

“我对他们没有恶意，哪怕个别人对我特别不友好。”关于队伍，陈宁的态度是“不雕朽木，栽培新人”。

“公司里踏踏实实干事儿的，我都愿意培养。”陈宁直言不讳。不仅如此，对于外部的人才，他不求所有，但求所用。实在挽留不住的，他也好聚好散。

尽管现实不会留出充裕的育才时间，但陈宁执念于培养出“角儿”。

作为安徽的文艺院团，陈宁更多地从黄梅戏、庐剧等地方戏的角度出发，考虑这个问题。仅仅让地方戏“存活”，并不符合他的初衷。一方面是他对本地文化艺术的热爱，另一方面，他麾下的演员们毕竟要吃饭。平时正式演出之余，陈宁鼓励演员们出去接活儿、商演。他并不将这一做法当作自己很开明的凭证，这背后更多的是无奈。

不放或者说不推演员们出去，不仅是收入问题，他担心演员们的艺术功力会衰退。

宏观上做得了规划，微观上为底下的工作人员们考虑周全，这样的改革者，当然能够得到大多数员工和青年人的认可。

好看的皮囊千篇一律，有趣的灵魂二百多斤。网上这句调侃，似乎专门为陈宁量身定制。

意气风发的少年才俊、优秀进取的电台主播、失意远走的落魄游子、锐意改革的职业经理人……随着时代的飞速轮转，这个胖子身轻体健，一路突进，通过一个个变换的身份与角色，逐步获得了“变革者”必须具备的激情、开明、坚忍、决绝、沉稳等品质。对于“变革者”陈宁来说，有一件事永远不会变，那就是随时准备改变。

出席演艺家论坛

杨绍林　曹晓宁　宋官林

邹建红　康　伟　王文龙

刘洪涛　耿　军　陈　宁

为全国演艺机构经营管理人才培训班授课

杨绍林

曹晓宁

梅帅元

康　伟

王文龙

耿　军

后　记

无论如何，这都将是我一生中里程碑式的一件事。这座里程碑，因为有很多人的支持和帮助，显得格外熠熠生辉。

杨绍林、曹晓宁、梅帅元、宋官林、邹建红、康伟、王文龙、刘洪涛、耿军、陈宁，这10位领军人物对我的信任，是本书得以正式出版的前提。他们不仅同意我作为人物故事的撰写者，还多次向我表达感谢。这让我感到无比荣幸，更觉得这是一件十分有意义、有价值的事。

吴晓波先生的《激荡三十年》和《激荡十年，水大鱼大》给了我最早的启发，也是我一直学习和借鉴的对象。虽然从未与吴晓波先生谋面，但我坚信，本书出版后，我一定有机会向他当面请教并致谢。

原文化部蔡武部长、中国文化管理协会路建平副主任委员、中央戏剧学院徐翔书记先生亲自为本书作序，是对我最大的肯定和褒奖。

郁钧剑老师是家喻户晓的歌唱家，但少有人知道他还是书法家。舞台和砚台在郁钧剑老师这里交汇。由他为本书题写书名，是我莫大的荣幸。

我的写作伙伴——曾繁华、沈泽锴在解决写作难题方面给予了我很多帮助，为本书的内容做出了巨大的贡献。

中央戏剧学院徐翔书记、徐永胜副院长、孙亮教授，以及肖玫玉、杨晓茁两位老师，帮助我把“演艺家”从线上凝聚到线下，帮助我把个人行动化为组织推动。

中国文化管理协会路建平副主任委员、崔云争副秘书长，以及中国文化管理协会演艺工作委员会郄春来执行会长、朱锋副会长、王超副秘书长，在前期策划中帮我出了很多点子。特别是崔云争副秘书长在我写作遇到困难时，不断鼓励我坚定信心，还在出版和发行这两个我并不熟悉的环节给予了很多的帮助。

中国演出行业协会朱克宁会长、中国艺术科技研究所李秋立副所长、中央文化和旅游管理干部学院隋吉林副院长、文化和旅游部宋薇处长、化学工业出版社徐娟编辑，对我的写作方案提出了很多有针对性的意见。

我的研究生导师——北京第二外国语学院李小牧教授、李嘉珊教授为我写作提供了宝贵的资源条件。

广东省出版集团新世纪出版社李江南总经理为本书的出版给予了大力支持和帮助。

上海话剧艺术中心张惠庆总经理、汤泳主任，天创国际演艺制作交流有限公司董博、韩秋菊、仝童，山水盛典文化产业有限公司秦萍，北京演艺集团有限责任公司李士好、王龙，北京开心麻花影业有限公司诸晓晨副总经理，深圳市聚橙网络技术有限公司章晓畅，他们帮助我协调采访时间、文稿修改、图片素材等事宜，做了大量基础工作。

有这么多人为我提供支持和帮助，无疑，我是幸运的。衷心感谢他们的信任和付出，正因为有他们，《演艺中国二十人》上册才得以顺利出版。

邹一鸣

2019年11月19日